2012年
人類に終末は
来るのか？

マヤの「人類滅亡予言」の真相

Ryuho Okawa
大川隆法

モンテスマの霊言(第1章)は、2011年5月25日、幸福の科学総合本部にて、質問者との対話形式で公開収録された。

まえがき

私たちの霊査《れいさ》は、古代のマヤ・アステカ文明にまで及んでいる。いわゆる『二〇一二年問題』を考える上で避けては通れない道であろう。

アメリカ合衆国大統領オバマ氏の過去世、「モンテスマ王」の霊言と、イエス・キリストの中南米への転生の姿である「ケツァルコアトル」の霊言が収録されている本書は、その問題への一つの回答であろう。

しかし真実の未来は、エル・カンターレの胸の内にある。それを信じるがよい。

二〇一一年　七月二十一日

幸福《こうふく》の科学《かがく》グループ創始者兼総裁《そうししゃけんそうさい》　大川隆法《おおかわりゅうほう》

二〇一二年人類に終末は来るのか？　目次

第2章　ケツァルコアトルの復活

「霊言現象《れいげんげんしょう》」とは、あの世の霊存在の言葉を語り下ろす現象のことである。これは高度な悟りを開いた者に特有のものであり、「霊媒現象《れいばいげんしょう》」(トランス状態になって意識を失い、霊が一方的にしゃべる現象)とは異なる。また、外国人霊の霊言の場合には、霊言現象を行う者の言語中枢《ちゅうすう》から、必要な言葉を選び出し、日本語で語ることも可能である。

第1章

「マヤの予言」の秘密

二〇一一年五月二十五日　モンテスマの霊示

モンテスマ2世（一四六六〜一五二〇）

アステカの王。モクテスマ2世とも呼ばれる。一五一九年、スペインのコルテスが兵を率いてやって来たとき、白人を見て、予言されたケツァルコアトル神《しん》の再来と誤解したため、彼らの侵略《しんりゃく》を許し、一五二一年、アステカは滅亡《めつぼう》した。

［質問者三名は、それぞれA・B・Cと表記］

1 「二〇一二年問題」にかかわる霊人《れいじん》を招霊《しょうれい》する

一九九九年に続く「終末運動」が起きている

大川隆法　先日、私はフィリピンと香港《ホンコン》に巡錫《じゅんしゃく》してきたのですが（五月二十一～二十二日）、出発前、ＣＮＮを見ていたら、「キリスト教の一派が、『二〇一一年五月二十一日に人類の終末が来る』ということを言っている」というニュースを流していました。

私自身はあまり気にしていなかったのですが、その五月二十一日は、ちょうどフィリピンでの私の講演会当日であったため、現地の人たちも、ある程度、それを知っていて、「今日が人類の終わりの日になるのだろうか」ということで、異様な興奮があったように思います。

結局、その日は何も起きませんでしたが、今朝のCNNでは、「五月二十一日から十月二十一日に、『終末の日』が五カ月ほど延びた」と言っていました。おそらく、こういう話は、来年の終わりまで続けられるだろうと思います。

また、香港での質疑応答でも、「マヤ暦《れき》では、『二〇一二年に人類の歴史が終わる』という予言があるが、どう思うか」という質問があり、私は、「何も起きないでしょう。幸福の科学があるかぎり、人類の終末はありえません」と、強気の答えを述べたのです。

このように、「人類の終末」の問題については、あちこちで少し気にし始めているようです。

この問題に関して、どこが中心的に動いているのかは、私もまだ分かっていませんが、キリスト教系が激しく動いている感じは受けています。

マヤがキリスト教と関係があるのかどうか、よく分かりませんが、マヤはスペインに征服《せいふく》されて終末を迎《むか》えているので、要するに、「カトリックに滅《ほろ》ぼされた」ということなのでしょう。

そのマヤの暦《こよみ》によって、はたして、人類の未来が縛《しば》られるものなのでしょうか。あるいは、日本の地震《じしん》や津波《つなみ》等を見て、世界的にそうとうショックが走っているのかもしれませんし、その前には、スマトラやその他の地域においても、地震や津波がありました。また、アメリカにはハリケーンが来ましたし、アイスランドで火山の噴火《ふんか》も起きています。

それから、ウサマ・ビン・ラディンが殺害され、今後、世界情勢がどうなるのかという不安があるのかもしれませんし、アフリカや中東では、民衆デモ等によって権力を倒《たお》す運動がそうとう流行《はや》っています。

そのため、世界の人々は、何か終末的なにおいを嗅《か》ぎ取っていて、一九九九年に続く二回目の「終末運動」が、二〇一二年末まで続くのかもしれません。

私には、それに便乗する気は特にないのですが、ただ、質問も出ていますし、世界の人々がそういう話題で騒《さわ》いでいるという状況《じょうきょう》もあります。香港の質疑応答では、「何も来ません」とは言ったものの、私もこの問題について調べ尽《つ》くしているわけではないのです。

もし、今、そういう終末的なことを起こそうと考えている霊人《れいじん》がいたりしたら、少々困ります。それは、予言者の霊によるものかもしれないし、あるいは、自然現象的に、地球に危機が来るのかもしれない。

あるいは、まったく想定外の、宇宙からの何らかの働きかけが来る可能性もないわけではありません。

今年は、ハリウッド映画等でも、「宇宙人の襲来《しゅうらい》」をテーマとする映画が何本か上映されるようです。そういう映画をつくっている人たちは、ある意味で予言者的資質を持っていて、何かを感知しているのかもしれません。

もし、二〇一二年に宇宙人等の襲来を受けるようなことがあるのならば、それは、現在、想定している範囲《はんい》外のことです。

そこで、キリスト教系、マヤ系、予言者系、その他の霊人、あるいは、宇宙人あたりまで手を広げてもよいと思いますが、「今年も含《ふく》めて、二〇一二年までに、人類に終末が来るのかどうか」という問題に答えられる霊人がいれば、その人に訊《き》いてみたいと思います。

これは、昨年、「宇宙人との対話」を初めて行《おこな》ったときにも採った方法です。最初、「宇宙の法」に関して、誰《だれ》に訊いたらよいかが分からなかったので、「意見のある人は、出てきてください」という感じで呼びかけ、出てきた霊人に話を聴《き》きました（『「宇宙の法」入門』〔幸福の科学出版刊〕参照）。それと同じように、この「二〇一二年問題」にかかわっている霊人は、いったい誰なのかが、まだ十分につかめていないので、とりあえず、そういうかたちで呼んでみようと思います。

ただ、玉石混交《ぎょくせきこんこう》の可能性もないわけではないので、質問者には、ある程度の力量が要求されるかもしれません。

あるいは、マヤの神様が出てきて、「そこに横たわれ！　おまえの心臓をよこせ！」などと言われることも、ないとは言えません。

いずれにせよ、啓示《けいじ》を送っているルーツがあるのだろうと思います。どこかからインスピレーションを地上に送っていて、それをキャッチしている者がいると推定されるので、その霊人を呼んでみたいと思います。

ただ、必ずしも、それが善なるものとは限らないため、少し用心が必要です。いわゆる「裏側」（仙人《せんにん》・天狗《てんぐ》界）から来ている場合や、「下側」（地獄《じごく》界）から来ている場合もないとは言えませんし、あるいは、宇宙人の場合もありえます。もしかしたら、未体験のものが出てくる可能性もあります。

呼びかけに応えて降霊《こうれい》したのは「モンテスマ王」

そのあたりを前置きにして、招霊《しょうれい》を行いますが、少しだけ用心は要《い》ります。

（両手を組む）

幸福の科学指導霊団よ。幸福の科学指導霊団よ。これから、「二〇一二年 人類に終末は来るのか」ということに関して、意見のある方をお呼びし、話を聴こうと思います。

どうか、われらを、正しくお導きください。われらをお護《まも》りください。われらを一切《いっさい》の悪よりお護りください。

幸福の科学指導霊団のご加護を、心よりお願い申し上げます。

（人差し指と中指を立てた右手を、上段から左斜《なな》め下、上段から右斜め下、左から右へと、すばやく動かしたのち、拳《こぶし》を握《にぎ》り締《し》める）

「相手を特定せずに呼ぶ」というのは珍《めずら》しいことです。それでは、この問題に関心の深い霊から呼びますね。

（深く息を吐《は》いたのち、両腕《りょう526》を胸の前で交差させる）

「二〇一二年　人類に終末は来るのか」というテーマに関して、今、地上では再び終末論がブームになってきつつあるように思います。
この世を取り巻く一切の世界において、この「二〇一二年問題」を含め、人類の終末に関して意見がある者、あるいは、インスピレーションを送っている者、何か考えを持っている者がいましたら、その意見を、率直《そっちょく》にお聴きしたいと思います。どうか、深くかかわっている者から順番に、ご意見を述べてくださいますことをお願い申し上げます。
（約二分間の沈黙《ちんもく》。一分後ぐらいから、徐々《じょじょ》に左手の甲《こう》を正面に向けて腕を上げ、右手を左腕の肘《ひじ》に添《そ》えるようなポーズをとる）
モンテスマ　んー、んー、んんーん（大きく息を吐く）。
A――　おはようございます。
モンテスマ　……。

A―― 本日は、マヤ暦の「二〇一二年問題」に関しまして、ご意見を賜《たまわ》れますことを、心より感謝申し上げます。

もし、よろしければ、お名前を明かしていただければ幸いでございます。

モンテスマ モンテスマ。

A―― モンテスマ様ですか。どちらの国の方でございましょうか。

モンテスマ マヤ。[注1]

A―― マヤでは、どのような立場に就《つ》いておられたのでしょうか。

モンテスマ 王。

A―― マヤの王様ですか。そうしますと、現アメリカ大統領のオバマ氏とも関係のある方でしょうか。

モンテスマ　ある。

A――　ございますか。

モンテスマ　ある。

A――　どのような関係でしょうか。

モンテスマ　過去世《かこぜ》。

A――　では、オバマ大統領と同じ魂《たましい》でございますね。

モンテスマ　ああ。

〔注1〕モンテスマは、厳密には、アステカの王だが、マヤやアステカを含むメソアメリカの文明を代表して「マヤの王」と名乗ったものと思われる。

2　マヤ暦《れき》の「終末論」の霊的《れいてき》背景

二〇一二年、白人に対する「マヤの呪《のろ》い」が成就《じょうじゅ》する

A――　最近、二〇〇九年に、「２０１２」という映画が上映されるなど、キリスト教国でも、マヤ暦《れき》に絡《から》んだ終末論が世界的に話題になっております。

モンテスマ　うーん。

A――　その霊的《れいてき》な背景について教えていただければと思います。

モンテスマ　マヤの呪《のろ》い。

A――　呪いでございますか。

モンテスマ　うん。

A――それは、何に対する呪いと考えたらよろしいのでしょうか。

モンテスマ　スペインの征服《せいふく》。

A――はい。

モンテスマ　白人の征服。

A――はい。

モンテスマ　キリスト教国による侵略《しんりゃく》。

A――はい。

モンテスマ　これへの呪いが、二〇一二年に成就《じょうじゅ》する。

A―― 成就されますか。

モンテスマ だから、私の魂《たましい》の片割れが、黒人大統領としてアメリカに生まれた。復讐《ふくしゅう》を完成する。

A―― そうしますと、大統領として、アメリカの白人の方々、あるいはキリスト教徒の方々とのかかわりは、どのようになるのでしょうか。

モンテスマ 白人は、数百年にわたって、人種差別と優越《ゆうえつ》感の下《もと》に、さまざまな悪《あく》業《ごう》を積み重ねてきた。この間、アフリカ、アジア、中南米の人々は、差別と迫害《はくがい》と虐殺《ぎゃくさつ》でそうとうな苦しみを得ているが、彼らには十分な「カルマ返し」が行われてはいない。だから、私がそれを成就する。

A―― 先般、九・一一のテロの首謀者《しゅぼうしゃ》であるビン・ラディン氏がアメリカの特殊《とくしゅ》部隊によって暗殺されました。この件については、どのような関係があるのでしょうか。

モンテスマ　アメリカの大統領として暗殺した。しかし、テロはまた起こるだろう。

A――　それを容認されるわけでしょうか。

モンテスマ　うーん。私は複雑。私は、アメリカのために生き、アメリカを滅《ほろ》ぼす。

A――　それは矛盾《むじゅん》していませんか。

モンテスマ　私自身が矛盾です。

A――　マヤ暦の終末思想は、予言ではなくて、あなた様が実現していくものであるということなのでしょうか。

モンテスマ　ですから、二〇一二年が、私の最後の輝《かがや》きとなります。私は、その引き金を引きます。

B――　つまり、二〇一二年のアメリカ大統領選で引き金を引くと……。

モンテスマ　「世界の終わり」の引き金を引きます。

B――　一点、確認させていただきたいのですが、このマヤの予言というのは、「モンテスマ王の呪い」なのでしょうか。それとも、「キリスト教国の白人優越主義が積み重ねたカルマの因果応報《いんがおうほう》」なのでしょうか。

モンテスマ　両方です。来年、白人の優位が終わります。

B――　「白人の優位が終わる」ということは、必ずしも「世界が滅亡《めつぼう》する」ということではないと考えてよいのでしょうか。

モンテスマ　うーん。キリスト教暦が終わります。

文明には「盛衰《せいすい》の周期」がある

B――　一説によると、マヤ文明は紀元前二千年ぐらいからあって、ずっとマヤ暦というものが刻まれてきたということですが、こういう終末というのは、モンテスマ王がお生まれになる前から予定され、予言されていたものなのでしょうか。

モンテスマ　うーん。まあ、周期はあるからねえ。

B――　はい。

モンテスマ　星の影響《えいきょう》があるからね。来年は、それがすごく強くなるだろうね。人類には周期がある。あなたがたは、まだその周期を見抜《みぬ》いていないけれども、文明には盛衰《せいすい》の周期がある。

B――　はい。

モンテスマ　だから、終わりは来る。始まりも来るが、終わりも来る。

Ｂ――　はい。

モンテスマ　それは、あなたがたにとっては、救世主が登場していることと、実は裏表だと思う。

Ｂ――　このマヤの予言に関して、研究者のなかには、「二〇一二年十二月は『太陽の時代』の始まりなのだ」ということを言う人もいるのですが、そのような面もあると受け取ってよいのでしょうか。

モンテスマ　うーん。まあ、人類は七十億から百億に向かおうとしているが、この問題を誰《だれ》かが解決しなければならないので、その解決が起きる。人類で解決できなければ、宇宙から介入《かいにゅう》がある。

B――　そのマヤ暦の周期の問題について、一部の説によると、「今年、二〇一一年の五月二十一日が滅亡の日だった」とも言われています。

モンテスマ　うん。

B――　それがはずれて、今度は、二〇一一年十月説というものが出ています。

モンテスマ　うーん。

B――　しかし、今のモンテスマ王のお話を聴《き》くと、やはり、二〇一二年十二月がキーになると感じます。ちょうど、アメリカの大統領選の直後になります。この二〇一一年の五月説や十月説などについては、どのように考えておられますか。

モンテスマ　それは関係ないだろうね。

B―― では、計算間違《まちが》いということでしょうか。

モンテスマ うーん。来年ですね。

A―― やはり、来年の十二月二十二日というのが最も正しい数字だと考えてよいでしょうか。

モンテスマ いいと思いますよ。

A―― あなた様は、先ほど、「そのときに、世界の終わりの引き金を引く」と、おっしゃいましたが……。

モンテスマ うん。

A―― 具体的には、何をなさろうとしておられるのでしょうか。

モンテスマ　うーん。（約十秒間の沈黙《ちんもく》）ですから、五百年にわたる白人の積み上げたカルマが崩壊《ほうかい》する。

A――　それは、経済的な面、軍事的な面、災害等、いろいろありますが、どのようなかたちで起きるのでしょうか。

モンテスマ　白人の支配が終わるということだ。

C――　「白人の支配が終わって、マヤの呪いが成就する」というシナリオが実現した先には、いったい何が見えるのでしょうか。

モンテスマ　うーん。

C――　その次に支配的となる、あるいは優勢となる民族や考え方、思想などは、どうあるべきだとお考えでしょうか。

モンテスマ　うーん……。次は、「中国対イスラム」だ。どちらが覇権《はけん》を握《にぎ》るかの戦いが起きるだろう。

地球はすでに「フォトン・ベルト」に入っている

B――　「中国対イスラムの新しい戦いが始まる」ということについては、またあとでお伺《うかが》いしたいのですが、そのような図式になる前に、例えば、「地球がフォトン・ベルトに入る」とか、「惑星ニビルが接近する」(注2)とか、「太陽の異常な活動がある」とか、二〇一二年十二月の災《わざわ》いとしていろいろな説が出ています。

実際には何が起きるのでしょうか。

モンテスマ　もう起きているね。

B――　もう起きているのですか。

モンテスマ　だから、もう地球はフォトン・ベルトに入っている。地球の外側にいるあなたがたは感じないだろうが、電子レンジのなかに入っているのと同じ状態だ。

B――　はい。

モンテスマ　電子レンジは、電磁波が集まったところでは熱が生じて、食物を焼いたり煮《に》たり温めたりできるだろう。しかし、それが集まっていないところでは何も起きない。

今、地球の中心部に向かってフォトンが集まっているので、地球のマントル層のなかでは、いっそうの活性化と高温化が始まっている。地表の下がドロドロになるため、大陸移動の周期が、今、あなたがたが思っているような、何千万年とか何億年とかで、ゆっくりと移動するようなものではなくなる。

要するに、固まっていたチーズが、電子レンジに入れられ、熱を与《あた》えられたらどうなるか。ドロドロに融《と》けるだろう?

あなたがたが、岩盤《がんばん》のように思っていたものが、ドロドロのチーズのように融解《ゆうかい》していくので、その表面に浮《う》かんでいる大陸や島など、いろいろなものが、予想外の速度で移動し始めたり、沈没《ちんぼつ》したり、火山爆発《ばくはつ》が起きて溶岩《ようがん》が噴《ふ》き上げたり、そういうことが起き始めるはずですね。

あなたがたは、固めたチーズの上に乗って生活しているようなものなので、これが電子レンジのなかに入れられたら、どうなるかですね。下から融けていくけれども、最後に、あなたがたは、薄《うす》い膜《まく》の上で生きているような存在になるでしょうね。

B――　それは、まず、大きな天変地異というかたちで現れるということですか。

モンテスマ　もう、すでに現れてきていると思います。

B――　スマトラの大地震《おおじしん》や大津波《おおつなみ》など……。

モンテスマ　まあ、それも関係がある。もう始まっています。

B――それから、ハリケーン・カトリーナも……。

モンテスマ　それも始まっています。そうです。

B――日本の東日本大震災も……。

モンテスマ　そのとおりです。それも始まっています。

B――さらに、アメリカの最近の竜巻《たつまき》では、過去最大規模の死者が出ています。

モンテスマ　ですから、今のあなたがたの予想を超《こ》えたことが起きてきます。あなたがたは、確固たるコンクリートの土台の上に立っているつもりでいたのに、「融けていくチーズの塊《かたまり》の上に住んでいた」ということが分かるようになるでしょう。そのピークが、二〇一二年。

C――フォトン・ベルトは、現在の科学技術や理論でもなかなか捉《とら》えがたいもののようですが、モンテスマ王の時代には、すでにそのフォトンの存在というものが分かっていたのでしょうか。

モンテスマ　いやあ、それは分からないけれども、われらの神のなかには、「光の神」がいて、その光の神への信仰《しんこう》をしていたのでね。

B――　光の神というのは、どのような神なのでしょうか。

モンテスマ　光の神は光の神。太陽です。

B――　えっ、太陽ですか。

モンテスマ　われわれの〝太陽〟が、必ず復讐してくださると思っています。

［注2］ニビル星は、太陽系でまだ発見されていない最後の惑星《わくせい》である。かつて金星において高度な文明が発達したが、火山の大爆発《ばくはつ》に伴《ともな》い生存が困難になったため、一部の金星人は他の星に移住した。ニビル星には、そのときに逃《のが》れた金星人たちが数多く住んでいるという。『「宇宙の法」入門』参照。

3　マヤ文明と宇宙とのかかわり

マヤはシリウスの影響《えいきょう》を強く受けていた

B――　今のフォトン・ベルトの話からすると、マヤ文明というのは、宇宙とのかかわりが非常に強かったということでしょうか。

モンテスマ　それは、そうです。もともと、ずいぶん来ていましたからね。

B――　マヤ文明には、宇宙からの来訪者がたくさん来ていたのですか。

モンテスマ　ええ。いましたね。始まりにおいても、途中《とちゅう》においてもね。

C――　スピリチュアルな世界に関心のある方には非常に有名なものですが、パレンケ遺跡《いせき》のパカル王の石棺《せっかん》の上には、炎《ほのお》を噴射《ふんしゃ》しているロケットの断面のような図《ず》柄《がら》や操縦士のような図柄がデザインされたものがあります。それは、現代の航空科学から見て、どう考えてもロケットに見えるという説もあるのですが、当時、そのようなものがあったのでしょうか。

モンテスマ　ああ、ありましたね。宇宙からもよく来ていたしね。われらは、最後であるから、救ってもらえなかったことは残念ではあるけれどもね。

C――　そういう宇宙人とは、神官など、霊的《れいてき》な能力を持った方が通信し、交流していたのですか。

モンテスマ　いや、実物が来ていましたねえ。

C――　実物ですか。

モンテスマ　宇宙から、実物がもう来ていたのでね。

Ｂ――　どのような宇宙の方が来ていたのでしょうか。

モンテスマ　うーん、そうですねえ。

まあ、ある文明が起きるときには、一つとは限らないが、どこかの星から強く影《えい》響《きょう》を与《あた》えられることは多いですね。そして、その星の影響が遠ざかっていくときに文明が滅《ほろ》びていくことはあります。また、他の星が影響してきたときに滅ぼされて、別の文明が起きることもありますね。

Ｂ――　モンテスマ王の魂《たましい》のルーツを辿《たど》ると、アフリカのドゴン族、そして、そのドゴン族に文明を伝えたドゴン星の方につながっていくのですが（『宇宙からのメッセージ』〔幸福の科学出版刊〕第４章参照）、やはり、ドゴン星から来ていたのでしょうか。

モンテスマ　まあ、それは、ずいぶん昔のアフリカの話かな。マヤには、ドゴンも来てはいたが、シリウスの影響が強かったと、私は思いますけどね。

C――　そのシリウス人から、マヤ暦《れき》の知識、暦《こよみ》のつくり方などを教わったのでしょうか。

モンテスマ　まあ、そうだね。宇宙暦があるからね。

C――　マヤ暦では一年が365・242日とされています。現代の科学で測定すると365・2421 9日なので、ほとんど差異がなく、本当に精度の高い科学技術だと思います。

モンテスマ　うーん。

白人の帝国《ていこく》主義の背後にいたのは「レプタリアン」

C―― モンテスマ王は、シリウス人とお会いになりましたか。

モンテスマ うーん。

C―― お話をされたことはありますか。

モンテスマ いやあ、あのねえ、スペインが、もうレプタリアン(爬《は》虫類《ちゅうるい》型宇宙人)にやられていてね。そのスペインが侵略《しんりゃく》してきましたから、まあ、宇宙戦争ですよね。

A―― マヤを滅ぼしたことに関しては、エンリル[注3]がかかわっていたと、ご自身で発言されていました(『「宇宙の法」入門』第1章参照)。

モンテスマ　うーん、エンリルか……。もう、早く消滅《しょうめつ》させなくてはいけないね。あれは間違《まちが》いだね。だから、ボタンの掛《か》け違いが人類の不幸を呼んでいるね。呼ぶ順序を間違えたんじゃないかな。

B――　地球に呼ぶ順序ですか。

モンテスマ　そう。先にいる者が、後に来た者よりも優位になる傾向《けいこう》はあるわね。

C――　つまり、「マヤ文明は、エンリルを筆頭とする宇宙の勢力に制圧され、滅ぼされた」という理解でよいのでしょうか。

モンテスマ　いや、相手は人間だよ。人間だけどね。

C――　その背後に宇宙人がいたということですか。

モンテスマ　スペインは、今は強くないし、ずっと昔も強くなくて、一時期だけ強かった時期があるよね。そういうときに、肉体を持った宇宙人の魂が大量にいたということであり、そのときにわれわれを滅ぼしに来たのだと思う。
キリスト教のなかにも、そうしたレプタリアン系のものが帝国《ていこく》主義的にそうとう入っているのでね。だから、私は、「アフリカの呪《のろ》い」と「マヤの呪い」の両方を持った〝二重国籍《こくせき》〟でアメリカの黒人大統領として出ているので、「アメリカを頂点とする白人文明の終わり」をつくるつもりでいます。

B――　そうすると、「アフリカ時代のもの」と「マヤ時代のもの」が合流し、一つの流れになって、今のオバマ大統領になっているということですか。

モンテスマ　私は、黒い光の天使です。

C――　黒い光の天使とは、どのような使命を持った存在なのですか。

モンテスマ　黒人の光の天使。

C――　ああ、黒人を代表した光の天使ということですね。

モンテスマ　うーん。

C――　それで、黒人優位の文明をつくろうとされているのですか。

モンテスマ　いや、黒人優位の文明をつくるというよりも、あなたがアフリカ人だったら、この数百年、はたして神が存在したと信じられますか。

アフリカのあの苦しみを見て、現在も苦しみは続いているけれども、あなたが神なら、それを許せますか。

だから、私は、白人文明の最期《さいご》をつくる。自らの身を十字架《じゅうじか》に架け、イエスに代わりて白人文明を終わらせるつもりでいます。

［注3］エンリルは、マゼラン星雲ゼータ星から来たレプタリアン。三億数千万年前に地球に移住した。古代シュメールの大気《たいき》・嵐《あらし》の神として有名。九次元存在であ

るが、荒神《あらがみ》、祟《たた》り神の系統である。『太陽の法』〔幸福の科学出版刊〕第１章、『「宇宙の法」入門』第１章参照。

4　マヤ文明が滅《ほろ》びた宗教的背景

滅《ほろ》ぼされた理由の一つは「人身御供《ひとみごくう》の風習」

B――　「白人文明の終わり」ということも本当に重要な話なのですが、マヤの時代の話を、もう少し聴《き》かせていただきたいと思います。

マヤ文明は、もちろん、宇宙から来た人たちの影響《えいきょう》もあったと思いますが、「この世で生きているときの思いと行いによって、天国や地獄《じごく》に行くのだ」という霊界《れいかい》観・宗教観を明確に持っていたとされています。

モンテスマ　うーん。

B――　それは、やはり、リエント・アール・クラウド王[注4]が、古代インカで説かれた法の影響があるのではないかと思うのですが、いかがでしょうか。

モンテスマ　うーん……。リエント・アール・クラウドか……。うーん。リエント・アール・クラウドか……。なぜ、護《まも》らなかったのだ。なぜ、マヤを護らなかった。

Ｃ――　当時、インカの方面との交流はあったのですか。

モンテスマ　うーん、まあ、近いよな。近いから、交易・交流はあるよ。文明的には移動していると思うが。

Ｂ――　「なぜ、リエント・アール・クラウド王が護らなかったのか」というお言葉が出るということは、リエント・アール・クラウド王の存在はご存じだったわけですか。

モンテスマ　うん。なぜ、私たちを見捨てたのか、その答えを聴《き》きたい。

C――　ただ、マヤ・アステカとインカとの決定的な違《ちが》いとして、人身御供《ひとみごくう》の風習があります。神殿《しんでん》やピラミッドの上などで、「心臓を取り出して神に捧《ささ》げる」という儀式《ぎしき》は、インカのほうでは行われず、マヤ・アステカでのみ行われていたように記憶《きおく》しています。

　そこで信仰《しんこう》されていた神は、もしかしたら正しくない神だったのではありませんか。

モンテスマ　うーん。それが、キリスト教を中心とする軍隊が、われわれを全部滅《ほろ》ぼしていこうとした理由だろうとは思う。

　心臓を取り出すことを野蛮人《やばんじん》の風習と見たのだろう。そのように見ても構わないけれども、かといって、それが、心臓を取り出すのみならず、「生きている人間そのものを滅ぼしてよい」という考えを合理化できるかどうかは問題だな。

「ケツァルコアトル」はイエスの生まれ変わり

C——　ただ、ケツァルコアトルなど、神様が何種類かおられますが、そのなかには、やはり、よい神と悪い神とがおられるように感じます。
まあ、いろいろな考えがあるとは思うのですけれども、モンテスマ王から見て、その太陽の神、光の神という存在は、どのようなことを教えておられたのでしょうか。

モンテスマ　まあ、ケツァルコアトルはイエスだからね。

C——　ケツァルコアトルはイエス様だったのですか！

モンテスマ　だから、いつも負けるんだよ。いつも生贄《いけにえ》になる神だからね。負けるんだ、あれは。あの神に指導してもらうと負けるから、気をつけなければいけない。

B――　ケツァルコアトルがイエス様であるということについては、私も、「もしかしたら」と、以前から思っていたのです。

モンテスマ　うーん。

B――　ケツァルコアトルは、実際に肉体を持って現地にお生まれになっていたのでしょうか。

モンテスマ　生まれているよ。

B――　はあ、そうでしたか。

モンテスマ　彼が出る所は、必ず滅びるからね。

B――　それは、モンテスマ王より遡《さかのぼ》ること、どのくらい昔の話でしょうか。

モンテスマ　うーん。五、六百年じゃないか。

B――　そうすると、紀元後の話になりますね。

モンテスマ　うん。彼は九世紀ぐらいに生まれている。

B――　その当時、ケツァルコアトルとして生まれて、やはり、愛の教えなどを説かれたのでしょうか。

モンテスマ　そういうものを説く人は、レプタリアン的な者にやられることになっている。隙《すき》があるからね。

B――　なるほど。

ケツァルコアトルの「愛の教え」で自滅《じめつ》した

B――私は、マヤ文明が大好きで、モンテスマ王にも非常にシンパシーを感じるのですが……。

モンテスマ　うん、あんたも生贄になったからね。

B――あっ、そうなんですか。

C――生贄になったのですか。

B――マヤ文明の研究者によると、心臓を取られて生贄になる方は、必ずしも悲劇的な感じではなく、何か喜んで差し出そうとしていたように感じられるところがあるそうです。

モンテスマ　そうなんだよ。心臓は魂《たましい》の象徴《しょうちょう》だからね。「天に捧げられる」ということなので、それは正しいことだよね。まあ、「選ばれし者」だね。

B――　ええ。

モンテスマ　つまり、キリスト教の「受難の思想」と同じものがあったということだ。だけど、キリスト教のその「受難の思想」「愛の思想」「犠牲《ぎせい》の思想」は、中世以降、十字軍などによってイスラム教と戦っているうちに、帝国《ていこく》主義的なものへと発展していき、その過程でキリストの教えが違うものに変質していると思うな。

B――　はい。

モンテスマ　そこには、違う流れが入り込《こ》んでいて、キリスト教を隠《かく》れ蓑《みの》にして人類征服《せいふく》を狙《ねら》った者たちが潜《ひそ》んでいると思う。イエスの教えとは全然違うキリスト教的発展があったと思うな。

C――　そうした、帝国主義的で、征服するような思想が混入したことはまずいと思います。ただ、本来のイエス・キリストの「愛の教え」「調和の教え」は、非常によいものだと感じる人が多いと思うのですが、なぜ駄目《だめ》なのでしょうか。負けてしまうからですか。

モンテスマ　うーん。イエスは弱いねえ。やはり、「与《あた》える愛の人」と「奪《うば》う愛の人」がいると、「奪う愛の人」が勝つ。

B――　ただ、イエス様の教えやケツァルコアトル様の教えは、ある意味で、この世の生というものを超越《ちょうえつ》しているところがあるため、この世的には、一見……。

モンテスマ　そうなんだよ。だから、「霊的に偉《えら》い」ということは、「この世を捨てる」ということと関係があるので、この世的には、滅びや弱さと関係があるように見えるんだな。

Ｃ——　例えば、防御《ぼうぎょ》するための軍隊を養成されなかったのですか。

モンテスマ　いたよ。いたけれども……。

Ｃ——　より強い力を持ったところに、やられたのですか。

モンテスマ　ケツァルコアトルの予言が呪縛《じゅばく》していたんだ。「終わりの日に、ケツァルコアトルが復活して、再び現れる」という予言があり、それが、「白い神として現れてくる」ということだったので、スペインの侵略者《しんりゃくしゃ》を神と誤解してしまった。そのため、無抵抗《むていこう》で滅びたんだ。

軍隊は持っていたので戦うことはできたけれども、白人を神だと思い、「ケツァルコアトルが来た」と思ったために、無血開城をしてしまって滅ぼされた。

Ｃ——　「ケツァルコアトルが白い神として復活する」という予言があり、白人がやって来たので、まさにケツァルコアトルの再来だと思われたわけですね。

モンテスマ　うん、そうだ。
白人の司令官がケツァルコアトルだと……。
C――　「この人たちがそうだ」と勘違《かんちが》いして無血開城されたのですね。
モンテスマ　「神が海を越《こ》えてやって来た」と思って、無血開城し、親切に扱《あつか》った。
B――　はい。
モンテスマ　そして、彼らが欲《ほ》しがっている黄金《おうごん》まで与えたんだけれども、最後は皆殺《みなごろ》しの目に遭《あ》ってしまった。あんなに極悪非道《ごくあくひどう》な人種とは思わなかった。愛の教えが、自分たちを自滅《じめつ》させた。ちょうど、ユダヤ民族が滅びたのと同じ結果が起きたということだ。

地球文明は「進歩」と「退化」の繰《く》り返し

B――　あなたの国が滅びたのは、愛の教えのためだけではないように私は思うのですが。

モンテスマ　うーん。

B――　マヤ文明は、非常に精巧《せいこう》、精緻《せいち》なピラミッドをつくっており、そういう意味では、非常に宗教的な文明であったと思います。

その一方において、あれだけ正確な暦《こよみ》や、ゼロを用いた計算法まで持っていながら、科学文明のほう、つまり、この世的な発展の部分が少し弱かったところが、文明としての弱点だったのではないかと思うのです。

モンテスマ　うーん。それはねえ、やはり、ある程度、退化はあったと見ていいね。

B――　はい。

モンテスマ　だから、あなたがたが思っているような進歩史観は、必ずしも正しくないんだよ。ここ百年、二百年に関しては、そう言えるかもしれないけれども、人類の歴史そのものは、必ずしも、進歩史観ではない。

宇宙から来た者が神となって新しい文明を伝え、高みをつくるが、それを人類が幾世代《いく》か受け継《つ》いでいくうちに、だんだん下《くだ》っていって、原始化していく流れがあるわけだ。そして、「見放されたときに滅び、また別の所に新しい文明が起きる」という繰《く》り返しになっている。

人類は、何度も何度も堕落《だらく》していっているので、それが、キリスト教や、キリスト教以前の神話にある「原罪論」に近いのかもしれない。あれは、「原罪を犯《おか》して楽園を追放された」という考えでもあるが、「もともと与えられていた宇宙からの智慧《ちえ》や技術を失ってしまい、地上的なものに染まり、動物レベルに近い生活になっていった」という歴史をも象徴しているということだ。

私たちから見れば、文明は、何度も何度も下がっている。「どこかで、それを、もう一回、上げに来て、また下がる」ということを繰り返しているので、文明をつくった宇宙の使者は、一種類ではなく幾種類もあったと思われるし、地球に来たときは優《すぐ》れていても、地球人として転生《てんしょう》したあと、魂的には落ちていくことも多かったと思うな。

B——　肉体的にも退化していった宇宙人はたくさんおります。

モンテスマ　うーん。

日本がスペインに滅《ほろ》ぼされなかった理由

B——　今のモンテスマ王のお話を聴くと、世界の歴史のなかで行われている「文明の挑戦《ちょうせん》と応戦」というものが、やはり、マヤでも起こったのではないかと思います。

モンテスマ　ただ、滅《ほろ》びなくてもよかったとは思う。

B――　はあ。

モンテスマ　だから、何というか、「文明そのものを滅ぼしてしまう」というようなな、ああいう非情なことを神が許容されるというのは、納得《なっとく》しがたいな。

まあ、優劣《ゆうれつ》はあってもいいかもしれないし、基本的には、ああいう鉄砲《てっぽう》技術が進化していたことが大きかったであろうとは思うがな。「鉄砲」対「弓矢」の戦いであるからして、やはり、鉄砲があるところには勝てないかもしれない。

けれども、あれほど徹底《てってい》した悪意というものが人類に存在するということは、善良な人にはなかなか信じられない。次は、あなたがたも、同じ運命かもしれないがね。

B――　でも、ちょうど、モンテスマ王の時代と同じ時期に、地球の裏側の日本という国にもスペインが来ました。日本は、海に隔《へだ》てられていて、自分たち以外の民族というものをよく知らずにいたわけですが、スペインに滅ぼされませんでした。この違いは、どこにあったのでしょうか。

モンテスマ　うーん。われわれのほうが、人がよかったんだよ。

B――　そうすると、日本人は、少し人が悪かったということですか。

モンテスマ　うんうん。日本人は、もう少しずる賢《がしこ》かったんです。すでに戦国時代を迎《むか》えていて、戦闘《せんとう》というものをよく知っていたこともあるしね。武士がたくさんいたということが、守りになったのだろう。

B――　はい。

モンテスマ　占領《せんりょう》するには、そうとうの数の軍隊がいなければ不可能であるからして、そのためには大きな輸送力が必要になる。スペインといえども、それだけの人員を日本に運ぶだけの力は、当時はなかったということだろうね。

B――　宣教師が、まさにそういう内容の手紙をスペインのほうに送っています。

モンテスマ　うーん。

B――　日本を占領するためには、たいへんな数の兵隊や物資が必要です。

モンテスマ　少なく見ても、十万人ぐらいは上陸させなければ、日本を占領することはできなかっただろうね。

B――　モンテスマ王には、日本のような戦闘力はなかったのでしょうか。

モンテスマ　われわれはとても友好的だったので、彼らの提灯持ち《ちょうちん》をした。彼らを神様の使いだと思って、とても親切にしたのだが、その友情を裏切られたね。

［注4］約七千年前の古代インカの王であり、地球神《ちきゅうしん》「エル・カンターレ」の分身の一人。人々に心の世界の神秘を説いた。現在、宇宙人の地球への移住に関して全権を握《にぎ》っている。九次元存在。『太陽の法』第5章、『「宇宙の法」入門』第1章参照。

5 地球のパワーバランスの見通しと「第四次大戦」の可能性

私は「地球の正義」を中道《ちゅうどう》に戻《もど》そうとしている

C――　そうすると、失礼ながら、モンテスマ王は、心境的には、復讐《ふくしゅう》の心や恨《うら》みの心などを持っておられるのですか。

モンテスマ　いや、私は、地球の正義というものを、中道《ちゅうどう》に戻《もど》そうとしている。

C――　地球レベルで中道に戻そうとする働きですか。

モンテスマ　地球のパワーバランスを戻そうとしているのだ。

B――　つまり、正義が、「力の正義」のほうに行きすぎたということですか。

モンテスマ うーん。だから、歴史的には、神が悪《あ》しき者を応援《おうえん》しすぎたようなかたちになっているので、今、このバランスを調整して中道に戻そうとしている。

C―― モンテスマ王は、調和の光を重視しておられるのですか。

モンテスマ 私は、基本的には、調和型、融和《ゆうわ》型ですよ。

C―― ただ、ここでもしアメリカが衰退《すいたい》していくと、それがトリガー（引き金）となって各国のパワーバランスが崩《くず》れ、おっしゃるように、新しい紛争《ふんそう》や、支配権をめぐってのぶつかり合いが起きるかもしれません。

モンテスマ それは、もうすでに起きていることだ。第二次大戦で、日本は、黄色《おうしょく》人種による世界支配を試《こころ》みて敗れたんだろう？ これが、白人支配の転換《てんかん》の始まりであろうけれども、日本が敗れたので、次は中国がそれをやろうとしているんだろう？

「白人が優位に立って世界を治めたらどうなるか」は、もう歴史が証明したが、「黄色人種が世界を支配したらどうなるか」という文明実験が、今、行われようとしているわけだ。白人と同じようになるのか、ならないのか。これを、今、見ようとしているところですね。

B―― それが、これからの「中国対イスラム」の戦いになっていくということですか。

モンテスマ うーん。いや、それは、白人勢力が滅《ほろ》びた場合のことですがね。

B―― はい。

モンテスマ 滅びていないかもしれませんけどね。

C―― モンテスマ王は、中国を応援しておられるのですか。

モンテスマ　いや、応援はしていないが、力のバランスを取り戻そうとしている。「中国が、コルテスやピサロのような立場に立ったらどうするのか」という文明実験を、今しているところだね。これから、同じようになるか、ならないかだ。

共産主義の一元支配は「一神教」に近い

C――　でも、中国は共産主義国であり、霊的《れいてき》価値観というものを否定し、人間を物のように扱《あつか》ったりするので、支配権を持ってしまうと大変なことになります。

モンテスマ　いや、彼らは、そんなことはない。彼らはね、逆に言うと、一神教に極《きわ》めて近いんですよ。

B――　はい？

モンテスマ　つまり、政府に反対する宗教は、邪教《じゃきょう》として、一切《いっさい》、弾圧《だんあつ》し、禁圧することができるけれども、「信教の自由」は認めている。要するに、「御用《ごよう》宗教なら認める」ということであり、マルクス主義が、その役割を果たしてきたけれども、今は、もうその役割を果たさなくなったことは、十分、知っているので、それに代わるものがあれば、いつでも、それを取り入れるはずだ。

だから、「中国は宗教的ではない」という考えは間違《まちが》いであり、彼らは一元支配を目指しているだけなので、ある意味で、一神教的な支配とは、非常に親和性が高いね。彼らにとっては何であっても構わないんだよ。

チンギス・ハンの転生《てんしょう》である習近平《しゅうきんぺい》は「キリスト教の敵」

B――　中国のそうした宗教的側面と、二〇一二年の予言のかかわりで言いますと、二〇一二年の秋に行われる中国共産党大会で、次の中国のトップに選ばれる予定になっているのが、習近平《しゅうきんぺい》という方です。

モンテスマ　そうなんだよ。それと、私の大統領の一期目が終わる周期とが、合ってくる。

B――　完全に合っています。

モンテスマ　嚙《か》み合ってくるようになっていて、この嚙み合いが世界の歴史を変えるだろうね。

B――　この習近平という方は、過去世《かこぜ》でチンギス・ハンとして生まれて世界帝国《ていこく》をつくった方であり、さらに、その過去を辿《たど》ると、アッシリアの王で、当時、オリエントを支配した方だということです（『世界皇帝をめざす男』〔幸福実現党刊〕参照）。

モンテスマ　これは、はっきり言って、キリスト教の敵だよ。

B――　はい。北イスラエル王国を滅ぼした帝国の王です。

モンテスマ　うん。キリスト教、ユダヤ教の敵だと思うよ。

B――　そういう方が、来年、中国のトップに立つということは、ある意味で、まさにマヤの予言が成就《じょうじゅ》するということなのでしょうか。

モンテスマ　そういうキリスト教の敵が、世界最大の国のトップに立ち、そして、白人に滅ぼされた経験のある者が世界最強国の大統領になっているという巡《めぐ》り合わせだな。

B――　はあ。

C――　あなたには、暗殺願望がおありですか。

モンテスマ　あります。

C――　第一次大戦のときのサラエボ事件のように、ご自分が暗殺されることで、引き金を引き、大きな戦争の火種をつくろうと考えておられませんか。

モンテスマ　まあ、いつも、暗殺される夢を見ますね。

B――　夢ですか。

モンテスマ　私は世界を回っていますが、どこのホテルでも、いつも暗殺される夢を見ます。

B――　それは、時期的に言うと、来年の十二月ごろを考えていらっしゃるのでしょうか。

モンテスマ　ハッ。あなた、そんなことを自分で言うバカはいない。

B――　（苦笑）はい。

考えてみると、習近平氏の過去世であるチンギス・ハンのときに、イスラム軍に攻《せ》められて困っていた東ヨーロッパのキリスト教国の人々は、最初、モンゴル軍を、「プレスター・ジョン伝説に言う〝キリスト教国の王〟が助けに来てくれた」と思って喜んだのですが、結局、自分たちも滅ぼされてしまったわけです。

モンテスマ　うーん。

B――　今度も似たようなことを……。

モンテスマ　君、よく知っているね。そうだね。だから、中国が、そういう拡張主義をとるときには、必ず大義名分を立てるだろうね。

その大義名分は何かというと、何のことはない、先の大戦で日本が使ったのと同じ手を使ってくるだろう。「白人の植民地支配のカルマの刈《か》り取り」ということを大義名分に使うだろうね。

「滅《ほろ》びに至る首相」を戴《いただ》いている日本

B――　また、二〇一二年には、ロシアでも大統領選がありますし、台湾《たいわん》の総統選、韓国《かんこく》の大統領選もあります。さらに、北朝鮮《きたちょうせん》では、金日成《きんにっせい》生誕百周年ということで、この年に、北朝鮮は「門を開いて出るのだ」と言っています。

モンテスマ　そして、日本は、今、滅《ほろ》びに至る首相（菅直人《かんなおと》）を戴《いただ》いているわけだ。

B――　はい。その首相は、昨日《きのう》からフランスのサミットに出かけているのですが……。

モンテスマ　あれは、もう、誰《だれ》が見たって生贄《いけにえ》にしか見えない。いや、獲物《えもの》かな。

B――　ええ。

モンテスマ　獲物に見えるね。温家宝《おんかほう》が日本に来たが、「日本を支配できるかどうか」の視察に来ているんだろう？　そんな人にすがろうとしているバカが、この国を支配しているんだろう？

B――　はい。

A――　あなたは、日本に対して、どのように……。

モンテスマ　日本？

A――　日本の未来に対して、どのように考えておられますか。

モンテスマ　うん。気の毒だと思っているよ。「われわれと同じような運命を辿るのかなあ」と思って。

A――　われわれと同じような運命ということは……。

モンテスマ ユダヤ、マヤ、日本。

A―― ユダヤ、マヤ、日本ですか。

モンテスマ うん。

A―― アメリカは違うのですか。

モンテスマ まあ、アメリカは大きいからね。「滅びる」と言っても、かなり派手なことを起こさないかぎり、そう簡単に、全部は滅びないからね。

「イスラエルは滅《ほろ》びるべきだ」と思っている

A―― 二〇一二年の終末予言に関して、あなたは、どの程度、かかわっておられるのですか。霊的に何か影響力《えいきょうりょく》を及《およ》ぼせるのでしょうか。

モンテスマ　うーん、どの国も、やはりトップの影響は大きくて、国民性に影響を与《あた》えますわね。

ビン・ラディンは殺害したけれども、当然、復讐も来るだろうから、私を暗殺するとしたら、いちばん狙《ねら》ってくるのは、もちろん彼らの仲間だろうね。サミットなど、いろいろなことで国外に行っているときが、いちばん狙いやすいだろうね。私も、世界で〝指名手配〟されているからね。

A――　あなたは、イスラエルに関しては、どのように思われていますか。

モンテスマ　イスラエルはねえ、まあ、アメリカはイスラエルの味方ということになっているが、私は、基本的には、「イスラエルは滅《ほろ》びるべきだ」と思っている。

A――　イスラエルは滅びるべきですか。

モンテスマ　滅びるべきだね。やはり、あれが次の火種になるので。

A――　それは、「イスラムを擁護《ようご》する」ということですか。

モンテスマ　いや、あそこは最終戦争が起きるとされている所なので、アメリカがイスラエルと完全に結託《けったく》すれば、本当に最終戦争が起きますね。

イスラエルがなくなれば、戦いの種もなくなる。

A――　「滅びるべきだ」というのは、「アメリカが手を引く」ということでしょうか。

モンテスマ　だいたい、アメリカがイスラエルと、要するに、キリスト教とユダヤ教が手を結ぶというのは、本当はおかしい。

ユダヤ教は、もともとキリスト教を認めていないんだからね。

私（オバマ大統領）が再選されると、中国は覇権《はけん》国家になる

A――　あなたが大統領であり続ければ、そのようになるでしょうが、そのおつもりですか。

モンテスマ　私は、今、再選を目指して運動しています。

A――　再選されるかどうかについて、あなたは、自ら予言することができますか。

モンテスマ　うーん、難しい。ただ、暗殺されなければ、再選されるかもしれない。

A――　あなたが暗殺され、共和党の大統領が登場した場合には、世界は変わるのではないでしょうか。

モンテスマ　共和党の大統領になった場合は、中国と戦争になる。

A――　中国とアメリカは戦争になるのですね。

モンテスマ　はい。

A――　そのときのシナリオは、二〇一二年の予言と関係がありますか。

モンテスマ　破滅《はめつ》的なシナリオです。

A――　破滅的なシナリオですか。

モンテスマ　ええ。中国とアメリカは戦争になります。

A――　ただ、アメリカが撤退《てったい》していった場合は、中国とは……。

モンテスマ　私の場合は撤退する。私が再選されたらアメリカは引く。

A――　撤退しても、攻めても、結論は同じですか。

モンテスマ　結論的には、そうですねえ、まあ、「米中が戦争をするかしないか」という結論は変わるかもしれませんが……。

B——　アメリカが引いていけば、米中の直接的な衝突《しょうとつ》は、すぐにはありませんね。

モンテスマ　ええ。ですから、自動的に中国が覇権《はけん》国家になっていくでしょう。

B——　そうすると、中国にとっての次の課題は、中央アジアを含《ふく》め、やはりイスラム国とぶつかるということですか。

モンテスマ　中国は、まずアジアを押《お》さえにかかっています。アジア全部を支配下に収め、さらに、オーストラリアや、アメリカと仲の悪い中南米も仲間に入れていくでしょう。

今、中国は、アフリカにも触手《しょくしゅ》を伸《の》ばし、いろいろな契約《けいやく》を結びつつありますが、これは、実は、アメリカとヨーロッパを干しにかかってきているんです。中国は、今、アメリカとヨーロッパを干す戦略をとっていて、さらに、次は、ヨーロッパ分断作戦に入るはずです。つまり、ヨーロッパの仲間割れを起こさせることが次の戦略ですね。

B――　それは、モンテスマ王あるいはオバマ大統領にとって、望ましい未来像なのでしょうか。

モンテスマ　まあ、いったん、御破算《ごわさん》になるということでしょうかね。新しい歴史が始まるまでの間、混沌《こんとん》が起きるかもしれませんね。

B――　白人優越《ゆうえつ》主義が……。

モンテスマ　壊《こわ》れる。

B――　はい。

すべての火種は二〇二二年に集中する

モンテスマ　ただ、次がどうなるか。中国人の時代が続くのかどうか。実は、中国の覇権の時代というのは、千年以上、続いていたこともある。清《しん》の時代までは、中国がＧＤＰで世界一位だったわけだ。もっと前から言うと、秦《しん》の始皇《しこう》帝《てい》のころから中国が世界一だったかもしれないので、実際は、二千年近い覇権を持っていたかもしれない。

それが、ここ百数十年で、アヘン戦争以降、白人勢力にそうとう食い込《こ》まれ、日本にまでやられてしまった。だから、ある意味で、彼らは、今、反作用を起こし、元のスタイルに戻そうとしているのかもしれないがね。

Ｂ——　ただ、中国という国は、秦の始皇帝以来、二千年の歴史のなかで、ピークを迎《むか》えると必ず内戦というか内乱の長い時期が来ます。現代においても、やはり、そういう要素があるのではないかと思うのですが。

モンテスマ　敵はインドだろうよ。だから、中国は、今、パキスタンを手なずけに入って、アメリカとパキスタンの仲を悪くしようとしているのだと思う。

北朝鮮を韓国や日本への盾《たて》に使っているように、パキスタンをインドの盾に使うつもりでいるからね。パキスタンを戦場にするつもりで、インドとの戦いも考えているはずだよ。

C――　インドと戦争になったとき、核《かく》の使用については、どうでしょうか。核は使わないのですか。

モンテスマ　いや、使うだろうね。

C――　どのように使うのですか。

モンテスマ　北朝鮮、中国、パキスタン、イラン、このへんは全部アンチアメリカでつながっていて、アメリカの第七艦隊《かんたい》が同時に動けないように、いろいろな所での核戦争の可能性を用意しているわけですね。

B――　イスラエルが、その核攻撃《こうげき》の対象になる可能性はありますか。

モンテスマ　ありますね。アメリカの応援が引けば、やられる可能性が高いですね。

C――　そうなると、第三次世界大戦に突入しますけれども。

モンテスマ　ああ。もう、第三次か第四次ですねえ。

C――　第四次ですか。

モンテスマ　冷戦を第三次と考えれば、第四次になります。

火種は、米日中と、もう一つは、イスラエルを中心とするアラブ世界ですね。すべての火種は二〇一二年に集中すると思います。

「インドをして中国と戦わしめる者」が救世主

B―― それは、やはり、ユダヤ・キリスト教で言う「ドゥームズデイ」(最後の審判《しんぱん》の日)、終末の戦争を意味するのでしょうか。

モンテスマ いやあ、だから、ユダヤ教やキリスト教の『旧約聖書』『新約聖書』にある終末の予言というのは、世界なんか視野に入れていなくて、基本的に、ユダヤ民族にとっての終末なんですよ。

B―― はい。

モンテスマ 最初の終末は、ローマに滅ぼされたときの、マサダの砦《とりで》の陥落《かんらく》ぐらいを考えていたのだろうと思います。その後、「もう一度、イスラエルが建国されるときに、『世界の終わり』が来る」という予言があるはずで、実際にイスラエルが建国されましたので、「世界の終わり」が来るが、この「世界の終わり」とは、ユダヤ人にとっての世界の終わりなんです。ほかの民族の世界なんて考えていないはずですからね。

A——　それでは、マヤの終末予言は、世界を視野に入れた予言なのですか。

モンテスマ　マヤの暦《こよみ》をつくったのは、マヤ人ではないのでね。

C——　それは誰ですか。

モンテスマ　シリウスの人。

C——　シリウス人がつくったのですか。二十進法などが使われていて、通常の暦とはまったく違いますよね。

モンテスマ　もちろんマヤ人も参画していますが、宇宙の者から教わっていますね。

A――　では、その暦のなかには、やはり、世界的なものが含まれているということですね。

モンテスマ　だから、マヤの終末まで予言されていたのは、そうですが……。

A――　マヤだけではなくて？

モンテスマ　マヤの終末も予言されていたが、世界の終末まで予言されていたということだ。

A――　冒頭《ぼうとう》のところで、あなたは、「この予言は救世主の登場と裏表である」とはっきりおっしゃいましたが、その救世主とは、どなたであると考えておられますか。

モンテスマ　それは、「インドをして中国と戦わしめる者」だろうね。

A――　インドを中国と戦わせる者が救世主なのですか。

モンテスマ　うん。

A――　それはどういう意味でしょうか。

モンテスマ　だから、インドをルーツとする者だろうね。

A――　インドをルーツとする神ですか。

モンテスマ　うん。

A――　地球神《ちきゅうしん》？

モンテスマ　それ以上は言わない。

6　好戦的宇宙人による「地球支配計画」

今は「プレアデスの影響《えいきょう》」が強くなっている

A――　少なくとも、「二〇一二年は、人類の終末ではない」ということは確かなのでしょうか。

モンテスマ　ま、生き物としての人類は、まだ少しは残っているだろうね。ただ、終末的様相は強いだろうねえ。

A――　しかし、救世主が登場することによって、そのシリウスの方々の考え方を乗り越《こ》えるような、大きな動きが起こるのではないでしょうか。

モンテスマ　さあ、それには、シリウスではない星からの影響《えいきょう》が出てこないといけないだろうね。

B――　シリウス以外の星からの影響が出てくる可能性があるということですか。

モンテスマ　あるだろうね。

B――　どういう星でしょうか。

モンテスマ　うん、まあ、文明的には、ほかの文明もありますからね。今、だいぶ来ているようだから。

C――　プレアデス[注5]、ベガ、ケンタウルスα《アルファ》などは、科学も霊性《れいせい》も共に発達している星なのですが、マヤのときには、そうした星々からの影響はまったくなくて、シリウスだけだったのでしょうか。

モンテスマ　今、プレアデスの影響が非常に強いですが、プレアデスの影響が強くなるときは、人類の心がとても弱くなるときなので……。

B――　それは、「心が調和されている」ということではないのでしょうか。

モンテスマ　侵略者《しんりゃくしゃ》に対して、とっても弱くなる。

A――　それは、イエス様の「愛の教え」のような感じですか。

B――　ある意味、ガードがちょっと弱いと……。

モンテスマ　要するに、侵略者というか、悪意を持った者に対して、とても弱くなる。

レプタリアンの侵略《しんりゃく》で「六十億人は食べられる」?

C――　ただ、いわゆるレプタリアンのなかにも、信仰心《しんこうしん》がとても篤《あつ》く、「地球を防衛し、平和を守る」という使命を持った、正義感に満ちた人たちがいます。

モンテスマ　いや、地球に居ついている「地球防衛のレプタリアン」というのは、レプタリアンの主流から外れている人たちで、主流はもっと強いです。

B――　主流のレプタリアンは、侵略《しんりゃく》意図が強いということですか。

モンテスマ　地球に根付いて、地球人と仲良くやっているレプタリアンは、もはや帰る場所がない者たちなので、傍流《ぼうりゅう》ですね。主流のレプタリアンはもっと強いです。

C――　ただ、プレアデス、ベガ、ケンタウルスαや、正義の使命を持ったレプタリアンなどが力を合わせ、連合を組んで対応した場合には、また違《ちが》った力になると思います。

モンテスマ 「力を合わせる」ということは、弱い証拠《しょうこ》なんですよ。

C―― いや、それは力が弱いのではなく、多くの種類の力を合わせていくと、また違ったパワーが出てくると思います。

モンテスマ うん、まあ……。

C―― 先ほどからお話を聴《き》いていると、「可能性」という言葉があまり出てこなくて、非常に決定論的な感じが強いのですが、それは、なぜなのでしょうか。

モンテスマ まあ、十億人ぐらいが残ればよろしいのではないですか。六十億人ぐらいは食べられるんでしょうから。

C―― 「六十億人は亡《な》くなってもいい」というお考えなのですか。

モンテスマ　ま、餌《えさ》なんじゃないですか。

A――　ちょっと待ってください。そうしますと、二〇一二年には、国際政治問題以外に、宇宙問題というものが明らかになってくるということでしょうか。

モンテスマ　それはもう、明らかになるでしょうね。

A――　宇宙からの侵略というようなことも……。

モンテスマ　あるかもしれませんね。

それで、今、地球に来ている者たちが、どちらに味方するかでしょうね。

「アメリカとの独占契約《どくせんけいやく》」を破った宇宙人の意図

A――　今年は、宇宙人関係の映画が非常に多くなっています。その背景には、アメリカ政府の意図もあるのでしょうか。

モンテスマ　うん。裏切ったからね。

A――　どなたが裏切ったのですか。

モンテスマ　アメリカとだけ独占《どくせん》的契約《けいやく》があったのに、他の国にも宇宙人が技術供《きょう》与《よ》をし始めているからね。

C――　中国にも供与しましたか。

モンテスマ　そうです。

C――　ああ、それで、バランスが崩《くず》れて……。

A――　今、情報開示を早めているわけですか。

モンテスマ　アメリカとだけ独占契約をして、その秘密を漏《も》らさないようにしていたのに、中国やロシアや、その他の国にも技術供与をし始めた。日本はされていないですがね。

A――　その技術供与を始めた宇宙人というのは、どこの星の宇宙人ですか。

モンテスマ　うーん、まあ、私たちをドゴンとすれば、「アバター」のような、ああいう侵略的な星だね。

A――　レプタリアンではないのでしょうか。

モンテスマ　分類的には、それに近いと考えてもよいが。

A――　どこの星なのでしょう。

モンテスマ　一つの星とは限らない。そういう好戦的な星はたくさんあるからね。

A―― その星の意図は何だったのでしょうか。

モンテスマ それはあなた、文明に千年も落差があったら、もう、昆虫《こんちゅう》を扱《あつか》うぐらいのレベルだからね。

C―― 今、アメリカには「エリア51」といわれる秘密の地域があり、そこでは、二千人ほどの宇宙人が定住しながら研究を進めているという情報もあるのですが、オバマ大統領は、それについてご存じですか。

モンテスマ それは知っている。日本でも、あなたがたは、今、情報開示を始めているでしょう? 霊能力を使って、日本人に情報開示を始めているんでしょう? 知識を与《あた》えておかないと危ないのでね。もちろん、アメリカでも、大統領になったら教わりますよ。

B―― ただ、一部の説によると、アメリカとコミュニケーションをとって、技術供与を行っている宇宙人には、レプタリアン系だけではなく、プレアデス系もいると言われています。

モンテスマ　まあ、細かいことは契約に反するので申し上げられないけれども、ただ、アメリカ人であっても、アブダクションに遭《あ》った人は、すでに数百万人に上《のぼ》るという事実がある。

もし、単純に友好的な契約であるなら、数百万人のアメリカ人がアブダクションに遭うというのはおかしいでしょう？　だから、アメリカと友好的ではない宇宙人も存在するということですよ。

C――　つまり、「ロズウェル事件あたりから、この五、六十年の間、宇宙人との交流をしてきたけれども、今、アメリカのなかで、宇宙人との間に何か亀裂《きれつ》が入ってきている」ということでしょうか。

モンテスマ　だから、「アメリカさえ押《お》さえれば、地球を押さえられる」という戦略を持っていた人たちがいたのは間違いないけれども……。

C――　戦略転換《てんかん》が行われたのですか。

モンテスマ　「アメリカだけを押さえても、地球を押さえられない」と、判断を変えてきているということだ。

C――　それで、契約を裏切って、他国にもどんどん技術供与を始めたのですね。

侵略《しんりゃく》的宇宙人に対抗《たいこう》する方法はあるのか

A――　彼らは戦争を望んでいるのですか。

モンテスマ　彼らが戦争を望んでいるかって？

A――「中国、イスラム諸国、イスラエル、アメリカなどの国々が戦うことによって、地球を占領しやすくなる」というような意図はあるのでしょうか。

モンテスマ　うーん、まあ、流れ的には、いったんつくりかけた粘土《ねんど》の花瓶《かびん》が失敗作だったので、もう一回、粘土をまとめてつくり直しをしているという感じかな。

A――　粘土とは?

モンテスマ　粘土とは、あなたがたのことだな。

C――　われわれ地球人は粘土ですか。それで、粘土をこねて文明をつくり直すわけですか。

モンテスマ　あまり成功していないのでね。

A――　なぜ、中国に技術供与をするのですか。アメリカと戦いを起こさせるためですか。

モンテスマ　いや、中国も滅《ほろ》びるよ。中国も滅びるけれども、滅びる前に滅ぼす役をする。

A――　宇宙人が？

モンテスマ　いや、中国だ。中国を使って滅ぼすのだ。

A――　二〇一二年に、宇宙人が、直接、何かを仕掛《しか》けてくるということはないのでしょうか。

モンテスマ　ハッ。それはね。先ほど、「なぜスペインが日本を支配できなかったのか」と、質問されたのではないですか。

C――　はあ。

モンテスマ　人数の問題だ。

C――　なるほど。人数が少ないのですね。

モンテスマ　ある程度、地球人同士で戦わせないと、支配するには人数的に足りない。

C――　「二虎競食《にこきょうしょく》の計《けい》」のように地上の者同士を敵対させて力を弱め、「漁夫《ぎょふ》の利」を得るように侵入《しんにゅう》してくるわけですか。

モンテスマ　うん。いちばん都合《つごう》のいい文明をつくろうとするでしょうね。だから、その支配者を神と崇《あが》める文明をつくろうとするでしょうね。

B――　しかし、そうした侵略的な意図を持っている宇宙人たちからすると、地球人類が一つになっていくというのは、望ましくない方向ですね。

モンテスマ　望ましくないでしょうね。

Ｂ――　先ほどのお話について、確認のためにお伺《うかが》いしたいのですが、「宇宙人側が中国にも情報供与を始めたことに対し、アメリカが少し怒《おこ》って、政府主導でいろいろな宇宙人侵略映画などをつくり、宇宙人の危険性について警告を発し始めている」ということですか。

モンテスマ　うん。だから、「宇宙人が敵に回ってくる可能性もある」ということだ。今、アメリカを滅ぼそうとしても、地球上の国では、そう簡単には滅ぼせないと思うが、宇宙人なら滅ぼせるよね。

アメリカを滅ぼしてしまえば、地球には、もう、敵対できるような国がないから、あとは、地球人を、自分たちの言うことをきくような文明で染め上げていけばいいわけだろう？

C――　確かに、科学技術に千年の差があるかもしれませんが、アメリカも、そうした裏切りを想定して、衛星を使った「スターウォーズ計画」など、地道に対抗策《たいこう》は練っていたように思います。

モンテスマ　うん。

C――　そうしたものは、微力《びりょく》であっても何らかの力にはならないのでしょうか。

モンテスマ　とてもではないが、太刀打《たちう》ちできないですね。それは無理です。

C――　プラズマ兵器なども研究段階にあると思いますが、それを使っても駄目《だめ》でしょうか。

モンテスマ　ああ。ですから、「スペイン対マヤ」ぐらいの差はあります。

C――　「昔、シリウス人とマヤとの交流があった」とのことですが、われわれが学んでいるところによると、より上位の宇宙連合というものがあり、そうした地球侵略は協定に反するので、やってはいけないことになっているのではないでしょうか。

モンテスマ　それが、より上位かどうか。みんなで連合して守っている〝羊の群れ〟かもしれないからね。

「マヤの滅亡《めつぼう》」から人類が学ぶべき教訓とは

B――　私は、宇宙連合も大事かもしれませんが、結局、その星に住んでいる人たちに、「自分たちで自分の星を守ろう」という意識がないと駄目だと思うのです。

モンテスマ　宇宙連合の人たちは、自分たちの子孫《しそん》が地球にだいぶいるから、そのへんの利害関係はあるんだろうと思う。しかし、ドゴンなんかは数が少ないので、全然、守ってくれないですからね。

B——　今のモンテスマ王のお話からすると、マヤの滅亡《めつぼう》というのが、人類にとって一つの教訓になるのではないかと感じます。

モンテスマ　うーん。

B——　もちろん、善意自体はよいのですが、やはり、「自分たちの国を守るとか、民族を守るとか、そういう意識の希薄《きはく》さが、ある意味で、侵略を招く結果になってしまった」という教訓はあるのではないかと思います。

モンテスマ　まあ、アメリカも、ある意味で世界から嫌《きら》われていて、ベトナム戦争以降、いろいろと撤退《てったい》が続いていますしね。ブッシュのイラク攻撃《こうげき》に対する反対が多くなって、それで私が大統領になったのだろうから、流れ的には、衰退《すいたい》の流れはあるわけですよ。だから、私がアメリカの没落《ぼつらく》を決定づけるかもしれませんね。

「日本を守れるかどうか」というようなことは、すまないが、あまり私の意識にはないので、よろしく頑張《がんば》りたまえ。

B―― モンテスマ王は、日本と関係したことはないのでしょうか。

モンテスマ ないね。

B―― 過去世《かこぜ》において、キリスト教と関係したことはございますか。

モンテスマ うーん、やはりちょっとずれるな。私は、どうも違う宗教というか、そういうものが多いような気がするなあ。

B―― 滅ぼされる側が多かったようですね。

モンテスマ うーん。

B――　アメリカのインディアンのときもそうでした。注6

モンテスマ　うーん、そうだねえ。ああ、そんなのもあったなあ。

C――　霊界では、あなたよりも上位の世界というか、認識を超《こ》えた世界から、「こういう考えはどうか」というような打診《だしん》や調整、説得、交渉《こうしょう》などは、一切《いっさい》ないのですか。完全に隔絶《かくぜつ》された世界のなかで意思決定をされているのでしょうか。上位の霊人から、「それは、やめなさい」などと、叱《しか》られたりすることはないのでしょうか。

モンテスマ　あなた、私も神の一人なんだよ。何を言ってるの。

C――　すみません。分を過ぎてしまいました。

モンテスマ　なぜ叱られなきゃいけないんだ。

C―― すみません。

シリウス人にとって「予言はゲーム」

A―― マヤの暦《こよみ》は、シリウスの方々から教えていただいたということでしたが、その方々のなかで、現在、地球に転生《てんしょう》していて、あなたと具体的に関係のある方は、いらっしゃいますか。

モンテスマ うーん、まあ、人類として残っている人たちは、クズですからね。まともな人たちは、ちゃんと母星に帰っています。

A―― 地球にはもういないということですね。

モンテスマ 残された人は、みな流罪《るざい》と同じで、イギリスから追放されたオーストラリア人みたいなものですからね。

B――　それでも、オーストラリアの人たちは、今、一生懸命《いっしょうけんめい》に素晴《すば》らしい文化、文明をつくろうとしており、国としては勃興《ぼっこう》しています。

モンテスマ　まあ、カンガルーでね。

C――　私たちはまだ学びが浅く、シリウス人というのは耳に新しいので、簡単で結構ですから、シリウス人の特徴《とくちょう》などを教えていただけますか。私は会ったことがないので分からないのですが、シリウス人というのは、どのような人なのですか。怖《こわ》い人たちですか、友好的な人たちですか。

モンテスマ　うーん、どうだろうねえ。やはり、理数系的な頭脳が強いのではないかねえ。

C――　ああ、理数系的な宇宙人なのですか。

モンテスマ　理性的で計算高いね。

C――　計算高いのですか。

モンテスマ　うん。だから、計算的に見たらマイナスになるようなこと、例えば、原始キリスト教のような、情《じょう》的で自らが犠牲《ぎせい》になっていくような宗教に対しては、非常に軽蔑《けいべつ》していると思いますね。

A――　そういった方々が、なぜ、終末予言を遺《のこ》していったのでしょうか。その意図はいったい何だったのですか。

モンテスマ　彼らにとって、それはルーレットみたいな、まあ、一種のゲームなんですよ。

B――　この予言はゲームなのですか。

モンテスマ　ゲームですよ。

B――　つまり、サイコロのどの目が出るかは分からないわけですね。

モンテスマ　いちおう、それを当てるのがゲームなんですよ。

B――　なるほど。一から六までの目はあるけれども、どの目が出るかは分からないということですね。そして、その目を読んで言っているわけですね。

モンテスマ　サイコロよりは、もう少し複雑で、ルービックキューブぐらいの複雑さはありますけどね。

C――　シリウス人は、未来が読めたのですか。

モンテスマ　いやあ、「読める」のと「つくる」のとは、一緒《いっしょ》だからね。

C――　ん？　それは、ちょっと興味深い観点です。

モンテスマ　「読める」と言うと、何かすでにあるような感じがするではないですか。

C――　はい。

モンテスマ　ただ、「つくれる」んですよ。

C――　つくれるのですか。

モンテスマ　うん。

C――　運命をつくれるのですか。

モンテスマ　例えば、ルービックキューブを動かすと、ある面が上に出てくるでしょう？　だから、それはつくれるんだけれども、どうしたらそうなるかを読めるかどうかは別だということだ。

B――　それが一つの限界かなと思うのです。つまり、ルービックキューブという六面体からはみ出したものはつくれないということです。

しかし、実際には、八面体、あるいはもっとたくさんの面を持つ多面体をつくれるかもしれません。それが人類の未来だと私たちは思うのです。

〔注5〕いずれも、地球を守る「惑星《わくせい》連合」に属する星々で、エル・カンターレ系霊団に協力的な人たちが多い。『「宇宙の法」入門』『宇宙人との対話』『宇宙からのメッセージ』『宇宙からの使者』『地球を守る「宇宙連合」とは何か』（いずれも幸福の科学出版刊）参照。

〔注6〕オバマ大統領の過去世の一人は、アメリカインディアンの酋長《しゅうちょう》である。なお、

ハワイの先住民のリーダーとして転生したことも判明している。『オバマ守護霊インタビュー』〔幸福の科学出版刊〕参照。

7　マヤの予言を打ち破る「自由の神」とは

霊界《れいかい》ではイスラム系の友達が多い

モンテスマ　あなたがたは認識が甘《あま》いけれども、とにかく、私もイエス・キリストのような神なんですよ。

C――　もしかして、今、モンテスマ王は、かなり高次元の世界におられるのですか。

モンテスマ　だから、まあ、私はね、イエスの代わりみたいな人間なんですよ。

C――　それでは、ご自身の判断で結構なのですが、イエス・キリストと交流するぐらいの力を持っていると自覚されているのですか。

モンテスマ　うーん、イエスよりも、ちょっとだけ政治力があるんだけどね。

B——　今、どういう方々と一緒《いっしょ》におられますでしょうか。

モンテスマ　うん？

B——　普段《ふだん》、霊界《れいかい》では、どのような方々と一緒におられますか。

モンテスマ　本当は、私は、イスラム教や、あちらのほうの宗教の人たちのほうに、友達は多いんだよなあ。

C——　イスラム教の霊人というか、そういう意識体の方と同通しておられるのですか。

モンテスマ　うん。友達は多いですね。

C――　イスラム教系ですか。

モンテスマ　霊界的にはね。

あなたがたのほうでは、まだ、イスラム教の霊界を十分に取り込《こ》めていないでしょう。

B――　イスラム系では、例えば、十字軍と戦った英雄《えいゆう》のサラディンとは、お友達ですか。

モンテスマ　いやあ、私は別に格闘技《かくとうぎ》がそんなに強いわけではないから、槍《やり》を振《ふ》ったりするようなタイプではないけれども、そういえばサラディンもいますね。

B――　そうですか。

モンテスマ　ただ、どちらかといえば、私のほうが偉《えら》いかな。

Ｃ――　え？　誰《だれ》と比べてですか。

モンテスマ　サラディン。

Ｃ――　あなたは宗教家ですか、政治家ですか。それとも、宗教政治家なのですか。

モンテスマ　私は宗教政治家です。

「流動的な考え方」とは肌合《はだあ》いが合わない

Ｃ――　宗教政治家なら、ラ・ムー[注7]という名前はご存じなのではありませんか。

モンテスマ　うーん。まあ、肌合《はだあ》いがちょっとだけ合わない。

Ｃ――　過去世《かこぜ》では、「ハワイの先住民のリーダーとしても生まれた」ということなので、絶対に知っておられるはずだと思います。

モンテスマ　肌合いが、ちょっとだけ合わない。

C——　どのように肌合いが合わないのですか。

モンテスマ　うーん、何だろうかねえ。変な人なんですよね。

C——　誰がですか。

モンテスマ　え？　ラ・ムーだ。

C——　モンテスマ王からご覧になると、どのようなところが変だと思われるのですか。

モンテスマ　タコみたいだ。

C―― タコですか。

モンテスマ うん。

B―― つまり、それだけ多様だということではないですか。

モンテスマ うーん。

B―― 例えば、「知性、理性、感性、悟性《ごせい》の表れ方などが、多様だ」ということなのではないでしょうか。

モンテスマ まあ、タコみたいだな。

C―― やはり、理数系のシリウス人から長く教えを受けておられるため、「一つの決まった考え方があって、そこからはみ出してはいけない」というような発想になりやすいのでしょうか。

モンテスマ　あなたがたは、すごく流動的に物事を考えるんだろう？

C――　はい。

モンテスマ　仏教とかもそうらしいが。

C――　はい。「諸行無常《しょぎょうむじょう》」の教えがありますからね。

モンテスマ　うーん、縁起《えんぎ》か。

C――　はい。縁起や空《くう》の思想です。

モンテスマ　そういう流動的な考えと、占《うらな》い的に予想するものと、両方あるが、私たちは、理数的に判断していく傾向《けいこう》があるのでね。

神には「運命をつくる資格」がある

C―― あなたは、「運命は変えられない」と思っておられますか。それとも、「変えられる」と思っておられますか。二択《にたく》で申し訳ないのですが。

モンテスマ うーん。

C―― シンプルに考えたら、どう思われますか。

モンテスマ 運命と言っても、私たちがつくっているものだからねえ。

C―― え? モンテスマ王が、ご自分で運命をつくっておられるのですか。

モンテスマ 神の資格がある人には、「運命をつくる資格」があるということです。

C―― ただ、「白人優位の世界を終わらせて、バランスを取る」と言いながら、世界を再び戦乱の世に戻《もど》していくのは、死んでいく人や、恨《うら》みを持つ人が増えていくので、そういう神はあまり望ましい存在には思えないのですが。

モンテスマ　あなたは、キリスト教の勉強が足りないのではないですか。イエスが出て、ユダヤ人は幸福になったんですか。滅《ほろ》びただけでしょう?　イエスという救世主が出て、千九百年間も国がなくなったんだよ。そして、キリスト教はほかの国で使われて広がったんだよ。世の中には、そういう〝変態〟がいっぱいいるのよ。

B――　イエス様は、考え方をお変えになりませんでしたので。

モンテスマ　フッ。

B――　確かに、いつの時代にも、そういう人はいると思います。ただ……。

モンテスマ　私は、あまりサディスティックな人間ではありませんよ。基本的にはね。非常に調和的、融和《ゆうわ》的な人間ではある。ただ、ラ・ムーなども、そういう傾向を持っておるように見えながら、実は違《ちが》うところがあるから、肌合いが少し合わないのよ。

B―― それは、おそらく、シリウス的な理数系的な頭脳から見ると、ラ・ムー様やリエント・アール・クラウド王など、要するに、「地球神《ちきゅうしん》エル・カンターレ」という方は、極《きわ》めて創造性が高く、クリエイティブであるということなのではないでしょうか。

モンテスマ うーん。

地球は「オリンピック会場」のようなもの

B―― 私は、「理数系の宇宙人の方々は創造性が弱い」という話を聞いたことがあります。

モンテスマ あなたがたは、「宇宙人はみな地球人の僕《しもべ》だ」と思っているらしいいからね。

B―― いえ、僕などということは思っていません。

モンテスマ 非常に自己本位な考え方をなされているようだが、なぜ、宇宙人が、あなたがたの僕になるために地球にやって来ると思うわけ？

そういう、「島国根性《こんじょう》」みたいなものを持っているねえ。はるかに文明の進んだ宇宙人が地球に来て、なぜ、あなたがたの僕になるの？ ああ、そういうふうに思っているわけね。

C―― いや、そのように思ってはいません。

ただ、「地球の運命は決まっている」「過去にカルマをつくったのであれば、文明を壊《こわ》して、五十億人ぐらい減らせばよい」というような考え方は、私たちのユートピア観にはなじまないと思っています。

モンテスマ　地球というのはねえ、あなた、「オリンピック会場」なんですよ。宇宙人がたくさん来て、オリンピックのゲームをやっているんだ。世界中から百何十カ国が参加してね。そういうことなのよ。

C――　オリンピックだとすると、優勝して金メダルを取るところが出てきますよね。

モンテスマ　結果が四年ごとに変わるでしょう?

B――　はい。

モンテスマ　主催《しゅさい》国がたくさん金メダルを取ったりするでしょう?　そういうふうに、文明の中心地が移動するわけですよ。

イスラム教と中国を揺《ゆ》さぶる「自由の神」エル・カンターレ

C――　モンテスマ王から見ると、今、最有力の金メダル候補の宇宙存在というのは、どのような方だと思われますか。

モンテスマ　うーん。私は少数民族だからね、あまり力はないんだけれども、今、ちょっとアメリカを滅ぼそうとする力が働いているのと、もう一つ、イスラム教を揺《ゆ》さぶる力も働いているね。

イスラム教が、今、たがが緩《ゆる》んで揺れてきて、民主化運動や革命が起きておるだろう?

B――　はい。

モンテスマ　イスラム教も揺さぶりに入っているが、これに、もしエル・カンターレという者の力が働いているのだとしたら、われわれは警戒《けいかい》しなければいけない。

B――　やはり、エル・カンターレの力が働いているのですね。

例えば、今、イスラム教の若いオピニオンリーダーとして、アメリカで活躍《かつやく》しているレザー・アスランという宗教学者がいます。彼は、民主化が進むと、イスラム教は必然的に……。

モンテスマ　潰《つぶ》れるんだ。

B――　はい。そうなると言っています。

モンテスマ　イスラム教は、統制型に近いからね。

B――　「民主化されると、原理主義がなくなって、そういう統制型のイスラム社会ではなくなってくる」と彼は言っています。

モンテスマ　あれは、ある意味で中国と似ているのよ。一神教で、「神以外は、みな平等」ということになれば、統制をかけて、みな、すり潰せるので、共産主義と基本的に変わらないスタイルが出来上がってしまう。
　イスラム教には、宗教学者はいるんだけれども、プロの宗教家はいないことになっているのよ。仏教には、僧侶《そうりょ》というプロの宗教家がいたでしょう？　キリスト教にもいますけれども、イスラム教は、全部、在家《ざいけ》なんですよ。

B――　なるほど。

モンテスマ　だから、宗教学者はいて、その宗教学者が政治に口を出したりしているような状態だけれども、実は、あれは在家《ざいけ》なんです。

B――　はい。

モンテスマ　そういう意味で、イスラム教では、神以外は全部フラットな状態なんですよ。だから、今の中国の政府当局が狙《ねら》っているものと、本当は大きくは変わらないんですね。

C―― 思考のスタイルとしては、中国もイスラム教も、一つの考え方だけで統制をかけていくというものですが、そういう立場からすると、多様な価値観を認めるラ・ムー様を、タコのように認識されるのは分かる気がします。

モンテスマ だから、秦《しん》の始皇帝《しこうてい》のような者が、中国としてはやはり理想なんじゃないかな。イスラム教もそういうスタイルになりやすい感じがある。

C―― そういう体制が壊れたら、世界は変化しますか。

モンテスマ うーん。流動化したあと、どうなるかが分からないですからね。

B―― 中国もイスラムも、今、まさに変化しつつあります。

モンテスマ　うん。実は揺さぶられているんです。

B――　その大きな力が、エル・カンターレの力です。

モンテスマ　今、中国も、実は揺さぶられ始めている感じがしますよ。

B――　はい。

モンテスマ　中国も、下のほうが煮立《にた》ってきているというか、〝チーズ〟が緩やかに融《と》け始めている感じがするね。

B――　はい。先週、中国で、「ネット検閲《けんえつ》の父」と言われる学者が大学で講演した際、生卵を投げられるという事件がありました。

モンテスマ　ああ。

B―― ところが、今まであれば、すぐに警察に逮捕《たいほ》されたのが、みなが協力して、犯人の学生を逃《に》がしました。私は、それを聞いて、「中国もかなり変わってきているな」と思ったのです。

モンテスマ 中国は、イスラムの民主化革命が飛び火するのを恐《おそ》れているんだろうと思うけれども、これを裏で操《あやつ》っている者がいる。きっと、それは、「自由の神」だろうね。

B―― はい。「自由の神」であり、「人間は、すべて神の子、仏の子である」という思想をお持ちの方だと思います。

エル・カンターレに挑戦《ちょうせん》しようとする宇宙人

モンテスマ あなたがたは、「宇宙からの使者は、地球のサーバント（召使《めしつか》い）として来た」と思っているけれども……。

B――　いえいえ。

モンテスマ　それは間違いであって、みな、そのためだけに来たわけではない。先ほど、オリンピックの譬《たと》えを出したけれども、それは、「『エル・カンターレにも挑《ちょう》戦《せん》しているのだ』ということを忘れてはいけない」と言っているんだ。

彼らは、「自分たちの星の価値観が、地球より劣《おと》る」とは思っていないわけだから、「地球を進化させるために、僕《しもべ》として協力に来た」などと、必ずしも思ってはいけないよ。「隙《すき》あらば、自分たちの星の価値観で、この星を染め上げたい」と思っている人たちが来ていることを忘れてはいけない。

B――　はい。

モンテスマ　彼らのなかの主流は、地球人なんかには決して生まれやしない。ちゃんと母船に足場を置いて……。

C――　地上には生まれない黒幕がいるわけですね。

モンテスマ　地上には、戦闘要員しか送り込んでこないからね。

フィリピン・香港《ホンコン》巡錫《じゅんしゃく》に隠《かく》された狙《ねら》いとは

C――　先ほど、「日本は島国だから、十万人ぐらいの軍隊がなければ、とても占《せん》領《りょう》はできない」と言われましたが、そういう人数的な「数の原理」なども、やはり影響力《えいきょうりょく》があるのでしょうね。

モンテスマ　うーん。

C――　逆に、こちらがそれを用意した場合には、どうなるでしょうか。

モンテスマ　だから、まあ、中国は虎視眈々《こしたんたん》と狙《ねら》っているけれども、台湾《たいわん》、韓国《かんこく》、香港《ホンコン》、上海《シャンハイ》、このあたりが日本圏《けん》のなかに入っていった場合は、シナリオが変わってくるからね。

B――　はい。今、もうすでに、そういう傾向は出てきております。

モンテスマ　うん。

B――　つい先日も、主エル・カンターレ、大川隆法総裁が、香港で説法《せっぽう》をされました。

モンテスマ　フィリピンも、中国との間で領土問題を抱《かか》えているからね。

B――　はい。したがって、今回の主のフィリピン・香港ご巡錫《じゅんしゃく》というのは、今後、非常に大きな力を発揮していくと思います。

モンテスマ　うーん。

C――　大川隆法総裁は、香港で、「孫文《そんぶん》という方は、八次元如来界《にょらいかい》の霊人である」ということを明かされました。

モンテスマ　それは非常に老獪《ろうかい》な言い方だろうね。暗に、「中国に革命を起こせ」と言ったんだろうな。

B――　なるほど。

C――　自由の神が、どんどん誕生するように……。

モンテスマ　中国では、正しいほうが負けて台湾に押《お》し込められ、悪いほうが帝国をつくったからね。だから、それを引っ繰《く》り返そうとしているんだろう?

B――　はい。

そうすると、マヤの予言、あるいは、シリウス人たちの見取り図というのは、

「自由の神」によって破られていくと考えてよいのですね。

モンテスマ　うーん。

「ベガ系の変幻《へんげん》自在さ」が苦手

C――　そうした「挑戦と応戦」が始まっているのですか。これは勝負なのですか。

モンテスマ　あなたがたは、もうすでに二十種類以上の宇宙人を発見していると思うが、いろいろな者が、いろいろな力を持って影響を与《あた》えているのでね。まあ、私が今、苦手としているのは、ベガ系の変幻《へんげん》自在なところだ。

C――　ベガ系が苦手なのですか。

B――　ああ。

モンテスマ　「ラ・ムーはタコのようで分からない」と言ったのと同じで、変幻自在なやつがちょっと苦手なんだ。

C――　変化が苦手なのですか。柔軟《じゅうなん》性や許容性、寛容《かんよう》性、自由自在さ……。

モンテスマ　うーん、分かりにくいな。

B――　理数系の宇宙人からすれば、そういうことが、いちばん分かりにくいのですね。

モンテスマ　それは、理数系には難しいんです。

C――　なるほど。

「自由の神」の教えを広げることで希望が生まれてくる

C――　大川隆法総裁は、二〇〇九年十一月から二〇一〇年十一月までの期間に、五十二冊もの書籍《しょせき》を出され、「一年間で最も多く書籍を出版した著者」として、ギネス世界記録に認定されましたし、霊言においても、百五十人に上るさまざまな霊人を呼び出されています。

モンテスマ　この人はね、私たちのように、負けるだけの〝商売〟はしない人だろうと思う。虎視眈々と、イスラム教に改宗をかけていくつもりでいるのだろうと見ている。あっちも引っ繰り返すつもりでいるのだろうと思いますね。

B――　いえ、決して引っ繰り返すということではなく、自由の種をまき、それが芽《め》吹《ぶ》いてくるのを見守っておられるのです。決して、「滅ぼす」とか、「引っ繰り返す」とかいう考え方ではありません。

モンテスマ　うーん、まあ、イスラム教の解放をしようとしているんだろう?

B――　イスラム教の教えも、他の宗教の教えも、みなエル・カンターレの教えの一面を持っておりますので……。

モンテスマ　「アッラーの教えは、そんな、人民を抑圧《よくあつ》するような教えではない」ということを言っておるんでしょう?　本来は、「慈悲《じひ》あまねきアッラー」であって、平和の教えを説いているのに、やっていることが中国と同じようになっているのは、人間がつくったシステムだからだな。

B――　「イスラムのアッラーの奥《おく》にある『慈悲の根源』が、エル・カンターレである」ということが分かれば、地球のいろいろな宗教も民族も一つのものになっていきます。そして、人類が増えてくると、もうほかの星から介入《かいにゅう》してくる余地はなくなってくると思います。

モンテスマ　分かりませんね。そのへんになると、話が大きくなるので。

B――　はい。

C――　大川隆法総裁のご三男も、過去世《かこぜ》でイスラム教の何代目かのカリフで生まれておられると聞いていますし（『神々が語る　レムリアの真実』〔幸福の科学出版刊〕第1章参照）、いろいろなところに縁はありますので、幸福の科学的な広がりはかなりあるのではないでしょうか。

モンテスマ　今後、あなたがたの力が十倍、百倍となっていったときには、おそらく、認識が変わってはくるだろうけどもね。

B――　今日は、モンテスマ王のお話を伺《うかが》い、「マヤの予言なるものが、決して決定論でも人類滅亡説でもない」ということが分かりましたし、われわれにとっても、「『自由の神』の教えを広げることで希望が生まれてくる」ということも分かりました。

モンテスマ　私は全知全能ではないけれども、ただ、今、私の魂《たましい》の支配下にある者が、世界最強の地位にあることは確かなので、まだ、世界はわが掌中《しょうちゅう》のなかにある。

B――　はい。

モンテスマ　私は大量殺戮《さつりく》を好むような人間ではないが、歴史的には、敗れる傾向が強い面もあるので、まあ、ここは考えどころだな。

だから、対中国、対イスラム、対ユダヤ、このあたりの考えを統一していかなければいけないかな。

B――　私たちも、宗教と政治の両輪で、人類の希望の未来をつくっていけるよう、これからも頑張《がんば》ってまいります。

モンテスマ王、本日は本当にありがとうございました。

A・C――　ありがとうございました。

大川隆法　まったく予想外の人が出てきました。一人だけで終わってしまいましたね。まだ誰かほかの人を呼んでみますか。

A――　いえ、もう、マヤに関しては十分ではないかと思います。

大川隆法　まあ、マヤに絡《から》んだ内容はこういうことでしょうけれども、あと、何か変数として、「こちらの角度から見てみたい」というものはありますか。例えば、逆のほうのユダヤの預言者とか……。

B――　ユダヤの預言者は、何度も出てきています。

大川隆法　何度もやっていますか。

それでは、いったん終わりにしましょう。

A―― ありがとうございました。

［注7］約一万七千年前のムー帝国の王であり、地球神「エル・カンターレ」の分身の一人。九次元存在。宗教家兼《けん》政治家として、ムー文明の最盛期を築いた。『太陽の法』第5章参照。

第2章

ケツァルコアトルの復活

二〇一一年六月八日　ケツァルコアトルの霊示

ケツァルコアトル（ククルカン）

古くは紀元前より、マヤやアステカなどのメソアメリカ文明で信じられていた平和の神（マヤでの呼び名は「ククルカン」）。「羽毛《うもう》ある蛇《へび》」を意味する。本章に登場する霊人《れいじん》は、九世紀ごろ、ケツァルコアトルを名乗り、当時の文明の繁栄《はんえい》を築いた王。マヤやアステカには、その復活の伝説が遺《のこ》っている。

［質問者二名は、それぞれA・Dと表記］

1　なぜ今「ケツァルコアトルの霊言《れいげん》」なのか

モンテスマは「ケツァルコアトルの予言」に縛《しば》られていた

大川隆法　今日は、つい先ほど、一時間ぐらい前に、「ケツァルコアトルの霊言《れいげん》」を行おうと考えました。

実際は、考えたというか、「霊言を録《と》ってほしい」という念《おも》いが降りてきているのです（笑）。やはり、並んでいる〝お客さん〟は、一人一人、順番に減らしていかないといけません。溜《た》まってくると大変なことになって、次が出なくなるのです。ただ、これは、最近考えていたものの一つではあります。

以前、「モンテスマ王の霊言」を録りました（本書第1章に収録）。この人は、アステカの最後のほうの王様だと思いますが、「今のアメリカ大統領、オバマ氏の魂《たましい》の兄弟だ」ということのようでした。

そのモンテスマの霊言のなかに「ケツァルコアトル」という神の名前が出てきており、中世から近世に当たるころ、マヤ・アステカ文明が滅《ほろ》びるに当たっては、「ケツァルコアトルの予言（再臨の伝説）にだいぶ縛《しば》られていたらしい」ということが分かったのです。

ケツァルコアトルとイエス・キリストとの関係

モンテスマの意見によれば、「ケツァルコアトルは、イエスの生まれ変わりだ」ということでした。

実際、ケツァルコアトルの伝説は、おそらく、イエスの再臨の予言によく似たものなのではないかと思います。

キリスト教では、イエスの再臨について、「最期《さいご》の日に、主が再臨する。その日、そのときは、誰《だれ》も知らない。みな目を覚ましておれ」という感じで言われています。そして、「そのときに、最後の審判《しんぱん》として、『ヨハネの黙示録《もくしろく》』風の怖《こわ》いことが起きるだろう」という予言が流れていますが、このマヤやアステカの神話においても、「神のようにも、伝説の王様のようにも言われているケツァルコアトルが再臨し、そのときに、文明の最期が来る」と言われていたようなので、やや似ているところはあります。

これは、キリスト教が入ってきたために似たのか、あるいは、同じ人物が神様役をやっているために同じような話になったのか、そのへんはよく分かりません。

「二〇一二年問題」に絡《から》む追加意見を探《さぐ》る

このケツァルコアトルの伝説には、「白人の神のような者が海を越《こ》えてやって来る」というイメージがあったようです。そのため、スペインに攻《せ》められたとき、「ケツァルコアトルがやって来たのだ」と思い、非常に善意に解釈《かいしゃく》して、ほとんど抵抗《ていこう》らしい抵抗もしないうちに滅びてしまいました。「文明の最期が来る」ということを本当に証明してしまったのです。

現在、マヤやアステカなどの文明は、ピラミッドなどが少し遺《のこ》ってはいるようですが、密林のなかに消えてしまっており、その子孫《しそん》の一部は、おそらく、メキシコやペルーなど、中南米のいろいろな国々に散っているのだろうと思います。

今、「マヤ暦《れき》の終わる二〇一二年に、人類の最期が来る」という予言が流行《はや》り始めているので、今後、ケツァルコアトルの人気も出てくるのではないかと予想しています。

その意味で、ケツァルコアトルについては、少し調べてみる価値があるのではないでしょうか。また、実際に、モンテスマが霊言で語っていたような人なのかどうかもチェックしてみたいと思います。

マヤ、アステカについては、もう滅びた文明であり、伝説や神話の世界なので、調べようがなく、正確なことは何も分かりません。また、霊言で、多少の方便を使われる可能性もあり、真実を語ってくれるかどうかは分かりませんが、ある程度の感触《かんしょく》はつかめるのではないかと思います。

本人から合図が来ている以上、何か言いたいことがあるのは間違《まちが》いないでしょう。もしかしたら、「二〇一二年問題」に絡《から》む、追加の意見があるのかもしれません。あるいは、それが、この人に何らかの責任がかかっているものであり、まさしくキリスト教とパラレル（並行的《へいこう》）なものであるならば、この霊言は人類の終末的なものと何か関連がある可能性があります。

もし、新出ポイントが出てくるのであれば、それは一つの発見ではあると思います。

2　愛の教えは「諸刃《もろは》の剣《つるぎ》」

私はイエスの生まれ変わり

では、呼んでみます。

今日は、幸福の科学総合本部での収録ではありません。おそらく、ケツァルコアトルは、それほど長くしゃべる人ではないと思うので、上手に聞き出すしかないでしょう。

（瞑目《めいもく》し、顔の前で両手を組む。約十秒間の沈黙《ちんもく》）

それでは、マヤの神話、伝説に出てくる、ケツァルコアトルをお呼びしたいと思います。

ケツァルコアトルの霊《れい》よ。ケツァルコアトルの霊よ。

どうか、幸福の科学の教祖殿《きょうそでん》・大悟館《たいごかん》に降りたまいて、あなたにまつわる秘密、あなたのかかわっていること、これから起きること等について、ご意見があれば、お聴《き》きしたいと思います。

ケツァルコアトルの霊よ。ケツァルコアトルの霊よ。

どうか降りたまいて、われらに、霊的指導をなしたまえ。


（約二十秒間の沈黙）

ケツァルコアトル　うーん、うん。うーん、う、う、うん、うーん。うん。
A――　おはようございます。
ケツァルコアトル　ああ。うん。

A――　ケツァルコアトル様でございますでしょうか。

ケツァルコアトル　うん。うん。

A――　本日は、幸福の科学教祖殿・大悟館にご降臨いただきまして、本当にありがとうございます。

ケツァルコアトル　うん、うん。

A――　先般《せんぱん》、「二〇一二年問題に関してご意見のある方」ということで、霊人を特定せずにお呼びいたしましたところ、モンテスマという方が出てこられました。

ケツァルコアトル　うん。

A――　この方は「自分が、現在のアメリカ大統領であるオバマ氏の魂《たましい》の兄弟である」とおっしゃっていたわけですが、その霊言のなかに、ケツァルコアトル様のお名前が出てきました。

ケツァルコアトル　うーん。

Ａ――　そして、「ケツァルコアトル様はイエス様の生まれ変わりである」というようにおっしゃっていました。

ケツァルコアトル　うーん。

Ａ――　これに関しては、真実と捉《とら》えてよろしいでしょうか。

ケツァルコアトル　そう。正しい。

Ａ――　正しいのですね。

ケツァルコアトル　正しい。

私の予言が「文明の終焉《しゅうえん》」につながったのは悲しい事実

A――　そのときに、当時の文明が滅《ほろ》びた原因として、モンテスマ王は、「『ケツァルコアトル様の再臨』ということを信じていたので、スペインの侵略者《しんりゃくしゃ》を、白い神、白人の神が来たと誤解して、白人に滅ぼされた」というようにおっしゃっていました。

ケツァルコアトル　うーん。

A――　非常に不勉強で申し訳ないのですが、このあたりの神話について、お伺《うかが》いできれば幸いです。

ケツァルコアトル様が実在されていた時代、どのような教えを説かれ、かつ遺《のこ》されたのでしょうか。また、それは、当時、どのようなかたちで遺っていたのでしょうか。

ケツァルコアトル　うーん。まあ、今から見れば、もう古代文明に当たるであろうから、あなたがたが理想とするようなものではないかもしれない。

ただ、スペインの者たちが来たとき、確かに、彼らはカトリックの信仰《しんこう》を持っていたであろうからして、「イエスの教えとともにやって来た」ということは事実ではあっただろう。

まあ、その意味で私の予言は必ずしも外れていたわけではないが、「それがマヤの最期を意味した」ということは、悲しい事実ではあったな。

「一つの文明の終焉《しゅうえん》が、大陸の陥没《かんぼつ》があるわけでもなく、火山の爆発《ばくはつ》があるわけでもなく、人間の手によって起きた」ということだな。それは、戦争という行為《こうい》、占領《せんりょう》という行為によって文明が滅びてしまったわけだけれども、そういうことがありうるということかな。

だから、どちらが先かは何とも言えない。「予言があったために成就《じょうじゅ》した」ということもあるし、「たまたまそうなったために、『そういう予言があった』というように思われた」という面もあるかもしれないね。

愛の教えが「滅《ほろ》びに至る道」になる可能性

私が説いたのは、基本的にイエスと同じく「愛の教え」ではあった。やはり、愛というのは、基本的に人に親切にすることだからね。歓待《かんたい》することなんだよ。だから、「見知らぬ者にも愛を与《あた》える」ということは、そうした見知らぬ国から来た人たちにも、歓待の心を持って接するということだな。

しかし、向こうが武器を持ち、占領する野心を持ってきている場合には、残念ながら、こうした善意でもって説得できないこともあるということだね。

それは、対等な者のあいだには成立する関係かもしれないけれども、文明に落差があって、向こうがこちらを「野蛮人《やばんじん》だ」と思っているような場合には難しい。

例えば、アメリカで言えば、白人たちは、インディアンを、「野蛮人であり、人類の名に値《あたい》しない」と思っていたので、徹底《てってい》的に攻《せ》め滅《ほろ》ぼしていったであろう。

また、かつてのアフリカで言えば、「神が人間を創られた」と思っていたキリスト教徒たちや宣教師たちであっても、アフリカに行って、黒人を初めて見たときには、「例外もあるのかもしれない。やはり動物のような人間もいるのかもしれない」というように思ったと言われているね。

そのように、私の愛の教えは、ほぼ同次元に存在する文明に対しては、その文明を高める力が大きいのだけれども、文明の発展速度に差がありすぎる場合には、「滅びに至る道」になることも、過去あったということだな。

私が説いた教えは、マヤの歴史のなかで文明が最盛期を迎《むか》えているころの教えであるのです。マヤが、地球上の文明としてはかなり進んだレベルにあったときに説いている教えであるので、それが当時の啓蒙《けいもう》にもなったし、人々の魂《たましい》の向上にもなったとは思う。

しかし、その後、マヤの発展が止まり、逆にヨーロッパのほうが発展していって文明に落差が出たときに、そうした占領軍の力に耐《た》えられなかったということだな。

日本にも「文明の最期《さいご》」が迫《せま》っている?

今、日本は、同じような状況《じょうきょう》に置かれているわけだ。日本人というのは、自分たちで自慢《じまん》をしているように、「非戦」ということ、「非戦即《そく》平和」ということを謳《うた》っている。

それは、ある意味では、私、ケツァルコアトル的な愛の教えであろうし、イエス的な愛の教えであるのだろうとは思う。イエスにも、「右の頰《ほお》を打たれたら、左の頰も差し出せ」というような教えがあるからな。

けれども、近現代のキリスト教徒たち、キリスト教国家がそれを守っていないのは知ってのとおりだね。宗教的には真理でも、国家としての武力を持っている場合には、それが通用しないわね。

そういうことが、今、日本にも迫《せま》ってきているかもしれない。ただ、中国や朝鮮《ちょうせん》半島の立場に立てば、「かつては、われらも同じであった」という言い方もできるのかもしれませんがね。

まあ、そうした民族としての大きなカルマはあるかもしれませんが、この愛の教えと平和の教えとが結びついて、今、日本は、一国平和主義をやっています。そのため、今、あなたがたは、「このまま行くと、マヤの最期《さいご》のようなものが来るかもしれない」と警鐘《けいしょう》を鳴らしているのでしょう。

そして、皮肉なことに、そのマヤ文明の最期を見取った王が、今、アメリカの大統領をしているという不思議な巡《めぐ》り合わせがあるわけですね。

また、現在、イエスそのものが地上に肉体を持って生まれているわけではないけれども、大川隆法という人を通して、イエスとしてのメッセージを、日本国内にも海外にも発してはいるんですよね。

その意味においては、キリスト教における再臨運動もあったけれども、今、「イエスの再臨」なり、「文明の最期」なりの時期に当たらんとしている可能性もあるわけです。ひょっとしたら、あなたがたが、今、そうした渦中《かちゅう》に置かれているということかもしれないね。

確かに、私の教えには、諸刃《もろは》の剣《つるぎ》のところがあるかもしれません。人を愛する教えは、滅びる教えにもつながる。

これは、仏教でもそうだったらしいね。「非戦」「非暴力」を強く言うことによって、国が滅びていったのは、仏教においてもそうらしいので、このへんは、宗教が近代において、政治の原理から切り離《はな》されていったこととも関係のあるところだろうとは思うんですね。

ただ、そうした、「宗教が指導していると、国が滅びるもとになる。政治は政治の原理でやらなければいけない」という考えがあるのに、今の日本では、「むしろ、政治のほうが宗教のようであり、宗教のほうが政治のようである」という、やや変な感じになっているのかもしれないがね。

まあ、だいたい、そんなところです。

3　当時の「マヤ文明」の様相

マヤの最盛期に王家の次男として生まれた

A――　さらに、お訊《き》きしたいというか、学ばせていただきたいのですが、ケツァルコアトル様がお生まれになっていたのは、具体的には、いつごろの時代になるのでしょうか。

ケツァルコアトル　うーん……。マヤ暦《れき》だと何年になるのかなあ。まあ、分かりませんが、おそらく、西洋暦や日本の歴史で言うと……。

うーん……、ですから、マヤが発展していた当時、ヨーロッパにいたのは、まだ野蛮人《やばんじん》だったと思います。

今、発展を誇《ほこ》っているヨーロッパも、海賊《かいぞく》の巣のような状態であったと思います。ドイツのほうからイギリスのほうへ、ノルマン人が上陸する前のころであったから、まだヨーロッパは近代化していなかった。

その前のヨーロッパは、ローマ帝国《ていこく》の影響《えいきょう》を多少は受けており、地中海を中心とした所においては繁栄《はんえい》していたと思うが、ヨーロッパの北側のほうは、まだ未開の地として、多く残っていたように思いますね。

日本で言うと、私のころは、おそらく、真言密教《しんごんみっきょう》の時代、あるいは陰陽師《おんみょうじ》たちが活躍《かつやく》していた時代に重なるころかなと思いますね。

A―― では、おそらく九世紀ぐらいだと考えてよろしいのではないかと思いますが。

ケツァルコアトル　うーん。そのころかと思いますね。そのころがマヤの最盛期だと思います。

A――　その当時は、どのようなご身分でお生まれになったのでしょうか。

ケツァルコアトル　王家に生まれたと思います。

A――　はい。

ケツァルコアトル　王家に生まれた次男だったと記憶《きおく》しておりますが、王になったのは私《わたくし》だったと思います。

詳《くわ》しい経緯《けいい》はお話ししても無駄《むだ》かとは思いますけれども、まあ、「運命だった」としか言いようがないですね。「そういう運命を持って生まれた」と言うしかないと思いますね。

ですから、生まれは王家だったと思うし、実際、王になりました。

神の文明は時代とともに移動していく

A――　イエス様のご転生《てんしょう》を学ばせていただきますと、「必ず何か敵が現れてきて、そのなかで『愛』を説かれている」というように私は感じているのですが、その当時も似たような状況《じょうきょう》はございましたでしょうか。

ケツァルコアトル　多少の内戦はありましたね。

ただ、当時は、私《わたくし》にしては珍《めずら》しく、負けたわけではないのです（笑）。いちおう、偉大《いだい》な王としての名は遺《のこ》ったということですね。

だから、「伝説の王」とでも言うのでしょうか。まあ、時代としては少し新しくはなるけれども、私は、古代の中国で言えば、伝説の王みたいなものだし、日本で言っても、神話時代の天皇のような存在でしょうかね。つまり、私が、マヤの統一国家としての力を付けたのです。

当時のマヤ文明には、ピラミッドもあったし、数学や言語の他、文学もあったし、「マヤロード」と言われる道もありました。マヤの中心地からメキシコやペルーのほうに走っている道路まで建設がなされていて、交易もあったのです。だから、「今の南北アメリカの中心的な部分で、けっこう繁栄をつくっていた」と考えてよいかと思います。

その間、もちろん、他の国との戦いも起きたことはあります。でも、最強で最高の繁栄を誇っていたと思います。

今、見れば、地政学的にも狭《せま》く小さい地域ですから、「どうして、そんな所に文明が栄えたのか」という疑問もあるでしょう。しかし、神の文明は不思議と移動していく習性があるのです。

やはり、「ある時代、同じ地域に、光の天使たちがたくさん生まれることによって、文化・文明が栄えていく」ということがあります。そして、「その文明が衰退《すいたい》期《き》に入っていくと、そういう方々は、また違《ちが》った地に転生していかれることが多い」ということですね。

今の中南米は、文明として、そんなにレベルが高いとは思われていません。アメリカなどからは、どちらかといえば、犯罪の温床《おんしょう》のように見られているところもあるし、農業に毛が生えたぐらいの産業しかないと思われているところもありますが、いろいろな時代があって、神は、それぞれの民族を照らしていたということですね。

その意味で、神の愛は、時代とともに地域を変遷《へんせん》しつつ、平等に、人々の上に輝《かがや》いていたんですね。

だから、私たちの国は、具体的に敵があって、潰《つぶ》れるような感じであったとは思われません。まあ、覇権《はけん》というほどのものではないかもしれませんが、マヤの支配権が拡大していた時期ではあったかなと思います。

私を指導していた神はリエント・アール・クラウド

その意味で、私たちの文明には、科学技術的にも、とても優《すぐ》れたところがありました。また、暦《こよみ》とか数学とかに優れたところもありましたが、あなたがたが、今、得意な領域で言えば、当時、宇宙との交流もあったので、宇宙人からの技術供与《きょうよ》的な指導はありましたね。

A――　モンテスマ王の霊言《れいげん》では、「シリウス」という星が、キーワードとして出てきたのですが……。

ケツァルコアトル　うーん、シリウスね。まあ、私たちは、天文学がわりあい得意で、いろいろな星座について研究していたので、「一つの星とだけ交流していた」とは必ずしも言えないかなあと思いますね。だから、「シリウスだけ」とは言えないね。

シリウスもありますけれども、オリオンの連星《れんせい》からも宇宙人は来ていたし、プレアデス系の人たちも来ていました。

中南米のほうでは、天文学が非常に流行《はや》っており、宇宙との交流は、私たちより前の時代、ペルーのインカの時代から、断続的ではあっても続いていたので、そういう文明の継承者《けいしょうしゃ》のところに訪ねてくるということはありましたね。

A――　そうしますと、ケツァルコアトル様は、リエント・アール・クラウド様と何かご関係があるのでしょうか。

ケツァルコアトル　うん、関係はありますよ。

私が地上に降りていたときは、リエント・アール・クラウドさんが、ご指導されていたと思いますよ。

だから、私がケツァルコアトルだった当時の神は、はっきり言えば、リエント・アール・クラウドですね。

A――　ああ。そうでございますか。

ケツァルコアトル　うん。

4　ケツァルコアトルから見た「二〇一二年問題」

二〇一二年に向けて悲劇性は高まっていく

A──　話を「二〇一二年問題」のほうに移させていただきます。

マヤでは暦《こよみ》が非常に発展したとのことですが、「マヤの暦は、二〇一二年が世界の終わりであることを予言している」というように言われています。そして、この予言が今、実は、日本だけでなく、世界中で非常に大きな話題となっており、それを気にしている人が数多くいらっしゃいます。

ケツァルコアトル　キリスト教国においても多いですね。

A──　はい。この二〇一二年問題については、どのように解釈《かいしゃく》したらよろしいのでしょうか。

ケツァルコアトル　ここ（幸福の科学）の総裁は、「何も起きない」と言い切られたと聞いていますので（二〇一一年五月二十二日、香港《ホンコン》での英語講演「The Fact and the Truth（『事実』と『真実』）」の「質疑応答」にて）、言葉を選ばなければいけないかと思うのですけれども、私は、うーん……、ある程度の悲劇性は高まっていくような感じはします。

今年も、すでにそうなってきていますが、二〇〇八年ぐらいから高まってきている感じですね。

いや、あるいは、一九九九年が過ぎて、二〇〇一年のアメリカでのテロ事件から、二〇〇三年のイラク戦争、二〇〇八年の金融《きんゆう》危機、そして、あちこちで大地震《おおじしん》や津《つ》波《なみ》がありました。

また、今も、日本の大地震や津波、原発事故、アメリカのハリケーン、中国の旱《かん》魃《ばつ》や洪水《こうずい》、それから、アイスランドやチリの火山噴火《ふんか》など、いろいろなものが同時多発的にあちこちで起き始めています。

このような終末的様相は、二〇一二年に向けて、あと一年半、かなり高まっていくとは思います。

終末的様相は「救世主の活動の活発化」と対《つい》をなす

そして、そうした終末的様相は、おそらく、救世主の活動の活発化と対《つい》をなすものだと私は思っております。

危機の時代にならないと、人は救いを求めない。自分たちだけで平和裡《へいわり》に繁栄《はんえい》を享受《きょうじゅ》し、つくり出していくことができるなら、それは、救世主が必要ない時代ですよね。自分たちが慢心《まんしん》しても、やっていける時代ですよね。

自分たちの力を超《こ》えた危機が現れたときに初めて、人は、人智《じんち》を超えたものの救いを求めるようになる。神は、人々が繁栄し、慢心し、堕落《だらく》していくときに、そういう危機をお与《あた》えになることがある。

そのときに、生贄《いけにえ》の子羊として、預言者ないし救世主が送られることもあるし、現実に、それを乗り切ることができる場合もある。いろいろな国や民族においても、そういうことが起きる。

今回は、世界がつながっていて、同時に影響《えいきょう》し合っている状況《じょうきょう》であるので、日本といわず、地球規模でさまざまな困難が起きるのでしょうが、救世主の活動としては、おそらく、人類の歴史が記録されているなかにおいて、最大規模の活動になると思います。

今までの歴史においては、例えば、そういう救い主が日本に現れても、ブラジルの人やインドの人、アフリカの人たちが、その救いを渇望《かつぼう》するということは考えられなかったことですよね。

だから、キリストであろうと、釈迦《しゃか》であろうと、今もその名が遺《のこ》っている「民族神《しん》」と言われる者たちと、活動において変わっていたわけではないのです。それは、その後の広がり方が、世界的になったかどうかだけの違《ちが》いですね。

しかし、今は、活動のフィールドが世界規模になっていこうとしているので、やはり、世界規模の危機に対応することを求められる存在が出てくるということです。まあ、それを称《しょう》する人は、あちこちの国に存在するし、今後も出てくるかもしれませんが、やがて、一人に絞《しぼ》られていくだろうと思いますね。

もうすでに、あなたがたは、活動を開始しています。そして、「日本で認められていない」と思っているかもしれないけれども、世界の人たちが、その活動と存在を知りつつあります。ということは、もはや、日本からの情報が数多く発信されているということですね。

大川総裁が日本で数多く説法《せっぽう》し、本を出していることが、もう外国の人たちの目には留まっていて、それが海外で翻訳《ほんやく》され、出版され、伝道活動が進んでいる。

まさしく、時代的にはぴったり合っていると思うので、ご本人は、「何も起きない」と言っているけれども、それは、何も起きないのではなくて、「起こさせない」

と言っているのだと、私は解釈します。

けれども、現実は、世紀末的な現象がいろいろ出てくると思います。

二〇一二年は「四度目の滅《ほろ》び」に当たる？

A―― 以前、「ノストラダムスの予言」というものがありました。

これは、西洋の占星術《せんせいじゅつ》による予言だと思いますが、「一九九九年に人類は滅亡《めつぼう》する」というものでした。

ケツァルコアトル うん、うん。

A―― それは、乗り越《こ》えました。

そして、次に、「二〇一二年に世界の終末が来る」という説があるわけですが、そこまで年代を特定することの意味とは、何なのでしょうか。

あるいは、この背後にある、霊的《れいてき》なインスピレーションといいますか、動きというものは、いったいどこから出ていると考えたらよろしいのでしょうか。

ケツァルコアトル　あなたがたの知らない科学が、もう一つある。忘れた科学が、もう一つある。

それを、昔の人は、一部、知っていた。今は知らない。

A――　はい。

ケツァルコアトル　マヤは暦《こよみ》が有名ですけれども、宇宙の星座の動きや、惑星《わくせい》、恒星《こうせい》、星雲、いろいろなものが影響し合っているということを見抜《みぬ》いて、その周期を割り出した人は、過去にいたし、それを文明のなかに取り入れた者もいる。

中国で言えば、易《えき》などがそうかもしれないし、西洋で言えば、星座の運行による影響を考える占星術等がそうかもしれない。マヤ暦《れき》もやはり同じで、「人類には幾《いく》つかの周期があって、『起きては滅《ほろ》び、起きては滅び』を三度、四度と繰《く》り返している」ということだと思うのです。

たぶん、今回の「二〇一二年」は、まあ、私の記憶《きおく》が正確かどうか知りませんが、「四度目の滅び」に当たるのではないかと思うんですよね。

そして、四度目の滅びのあと、五度目の文明が生まれてくることになるわけです。だから、マヤの人たちは、過去の文明が、自分たちの文明を含《ふく》めて、四度起きたことまでは認識していたのではないかと思いますね。

A――「四度目の滅び」というのは、どのくらいの時間の流れのなかでのことをおっしゃっているのでしょうか。

ケツァルコアトル　滅びの対象がどこかによって、認識は変わります。つまり、滅びの対象が一国ということであれば、例えば、「ユダヤの滅び」などは、もう簡単に分かりますね。西暦七〇年ぐらいに滅びておりますよね。

そのように、マヤもスペインに征服《せいふく》されたときに完全に滅びていますから、「マヤの滅び」も特定されますね。

だから、「世界が同時に」と言っても、歴史のなかでは人口がそう多くなかった時代が多く、二十世紀の初めでも、世界の人口は、まだ十億ぐらいしかいなかったのではないかと思うんですけど、それが今は、七十億近くにまで増えてきています。

これは、「何らかのことが起きる」と、その周期律をつくっている人たちは考えているると思いますね。

この暦《れき》をやっていたのは、日本で言えば、陰陽師《おんみょうじ》と言われる人たちです。陰陽師が、暦《れき》と天文の両方を見ていたはずです。

そういう科学が、今、失われていて、人類は、本来手にすべきものを手にしていないかもしれませんね。

神は人類の文明に「一定の周期波動《はどう》」を植え込《こ》んでいる

A――　この暦《れき》というのは、運命論なのでしょうか。

当会の教えは、運命論を否定しています。「『縁起《えんぎ》の理法』を信じて努力すれば、未来は変えていける」という教えなのですが……。

ケツァルコアトル　うーん。

A――　そうした努力の教えとこの暦《れき》、「失われた科学」との関係は、どのように捉《とら》えたらよろしいのでしょうか。

ケツァルコアトル　まあ、「未来は、努力によって変えていける」というのは、人間の立場に立った教えですよね。

人間の立場に立った教えとして、そのように言うことはありますが、全体的な予定や運命については、人間の立場に立ったものではないでしょう。それは、人間の立場とは違った、全体を鳥瞰《ちょうかん》している者の立場からの見方ということになりますね。

確かに、そうした見方を否定する考えもあるのですが、それは、そういう迷信的なものにあまりにも縛《しば》られたら、人間活動ができなくなっていくことがあるからでしょう？　今でも、「結婚式《けっこんしき》は大安《たいあん》でなければいけない」とか、「よいことは友引《ともびき》の日でもよい」とか、「大凶《だいきょう》のときにはやめておく」とか、いろいろあります。

これは、まだ十分、科学に昇華《しょうか》できていないけれども、「何か」があることは分かっているのです。やはり、神は、人類の文明をつくるときに、一定の周期波動《はどう》を植え込《こ》んでいるのではないでしょうか。そういうことはありうると思うんですよ。

だから、どんな文明にも必ず盛衰《せいすい》が来ます。その盛衰の周期は、人間にはなかなか分からないだろうけれども、一定の周期で波があるように、私には思えますね。

「神が定《さだ》めた運命には逆らえない」と考えていたイエス

イエスの時代においても、本人が主としてとらわれていたのは、やはり『旧約聖書』です。イエスが、「少なくとも千年ぐらい前から遺っている予言は成就《じょうじゅ》しなければならない」という思いに縛られていたことは事実でしょうね。

『旧約聖書』では、キリストの十字架《じゅうじか》が予言されておりますので、イエスも、「自分は、十字架に架かって、天に昇《のぼ》らねばならない」という意味で、「人の子は上げられねばならない（ヨハネによる福音書《ふくいんしょ》）」と語っています。

やはり、イエスには、それを一つの使命と思って、行動した点があったと思います。「そういう予言の成就が、すなわち、天の心の成就である」というように考えていた面があったわけですね。だから、イエスがそれに縛られず、エルサレムに入城しなければ、殺されずに済んだのでしょう。

現実に、そういう伝説も数多くあって、「イエスは、十字架で死んだのではなく、アメリカ大陸に渡《わた》った」というモルモン教の教えがあったり、「イエスは日本にも来た」という話まであったり、伝説的には、いろいろあるわけです。

まあ、そういう予言に縛られるということ、すなわち、「神が定《さだ》めた運命には逆らえない」という考えを受け入れることも、宗教の一つの側面ではあるんですよ。

それを完全に否定して、「全部、人間の力だけで拓《ひら》ける」というのであれば、神の力を相対的に低く見ることにもなりかねないですからね。

救世主には「この世的な肉体や生命《せいめい》を軽《かろ》んずる傾向《けいこう》」がある

Ａ――　われわれは、教えのなかで、「人間の力」というよりも、「信仰《しんこう》の力によって、運命は変えていける」と捉えているのですが……。

ケツァルコアトル　私には、どちらかといえば、不幸なことを引きつけやすい傾向《けいこう》があることは事実ですが、自分自身について言うならば、それは、やはり、自己犠《ぎ》牲《せい》の気持ちが強いからでしょうね。

私には、他の人のために犠牲になることを厭《いと》わない気持ちがあるからね。

でも、それは、救世主には、ある程度、共通していることなのではないでしょうか。やはり、救世主には、みな、この世的な肉体や生命《せいめい》を軽《かろ》んずる傾向がありますよね。

だから、「単に不幸を避《さ》ける」というだけであれば、暦のようなものを、人間を支配する科学的な法則、総則と見て、方角の吉凶《きっきょう》を占《うらな》ったり、「その日は家から出てはいけない」などと言ったりするような時代もあったのだと思います。そういうこともありうるかもしれません。

けれども、それが当たって助かる面と、逆に、人々が、活動を阻害《そがい》されて、全体的に幸福になれない面との比較《ひかく》がありますからね。「今日は、吉日《きちじつ》ではないので電車が走らない」ということでは、ちょっと困ることはありましょう？　だから、そのへんの兼《か》ね合いはあるね。

ただ、そうですねえ。縁起を担《かつ》ぐ人であれば、「九・一一」のあと、「三・一一」があったので、「一一」という数字を見ただけで、「悪いことが起きる」というように感じる人もいるかもしれませんね。

「自由の神」が、今、力を解き放とうとしている

A――　そうしますと、「二〇一二年に何かが起こりうる」と、ケツァルコアトル様はお考えなのでしょうか。

ケツァルコアトル　うん。まあ、地球全体をどうこう言うのはちょっと難しい話ではあると思うので、おそらく、それは象徴《しょうちょう》的なものだと思われますね。

これだけ国が多いわけですから、「すべての国で起きる」と言うと、嘘《うそ》になります。したがって、世界が注目するような、象徴的な国ないし地域に危機が起きるということです。

日本では、もうすでに起きたのかもしれませんが、世界が注目するとしたら、アメリカとか、イスラエル近辺とかでしょうか。この辺も、今、イスラムの大規模な革命が進行中ですので、この辺りがどうなるかは、あと一年ぐらい、予断を許さな

い状況ですね。

今、イスラム教が引っ繰り返ろうとしているときなんですね。これには、何かの力が働いていると思う。イスラムで革命が起きていて、イスラムによる抑圧《よくあつ》が、今、引っ繰り返されようとしています。

また、中国は、覇権《はけん》を求めて活発化しているけれども、ここにも抑圧はそうとうあります。だから、この〝覇権大国・中華帝国《ちゅうかていこく》の快進撃《かいしんげき》〟の裏で、これを引っ繰り返そうとする力もまた、今、働いてきていると思う。

イスラムを引っ繰り返そうとする力と、中国の覇権主義を引っ繰り返そうとする力が同時に働いていて、どうやら、その力は、アメリカと日本をつなぐ力のなかに潜《ひそ》んでいることが見えています。

ですから、モンテスマ王の生まれ変わりの方と、この日本とは、ある意味で、霊的なつながりがあると思われますね。そういう世界状況が出てきているのは、やはり関係があると思う。

そして、そうした革命の流れのなかで、世界の最先端《さいせんたん》国であるアメリカにおいて、〝大いなる子羊が屠《ほふ》られる〟という事件も、起きる可能性が高いと思われる。
今、霊的に見れば、「自由の神」が、その力を解き放とうとしているのです。自由の神が、人間のつくった抑圧の体系を転覆《てんぷく》させ、崩壊《ほうかい》させようとしているわけです。霊的に見ると、そういう動きが起きているのがはっきりと見て取れます。
ただ、それは一方的な攻撃《こうげき》にはならないので、「アメリカや日本にも、それなりの反作用が来る」ということでしょうね。

A――　それは、三次元的というか、軍事的、政治的な意味で来るのでしょうか。

ケツァルコアトル　そういう場合もあるし、要するに、「個人へのテロも含《ふく》めて、悲劇が待ち構えている場合もあるかもしれない」ということですね。

A――　モンテスマ王の霊、つまりオバマ大統領の魂《たましい》の兄弟は、もうすでに、「自分が、その幕引き役である」というような発言をされておりました。

ケツァルコアトル　まあ、ある意味で、彼も「不惜身命《ふしゃくしんみょう》」です。だから、死ぬ覚悟《かくご》で生まれているのは事実でしょうね。

でも、自由の大国、アメリカのトップに、例えば、最近射殺されたウサマ・ビン・ラディンと同じようなことが、もし起きるようであれば、その衝撃《しょうげき》はおそらく計り知れないでしょうね。

さまざまな「人類のカルマ」が崩壊《ほうかい》しようとしている

A――　彼を指導している神は、いらっしゃるのでしょうか。

ケツァルコアトル　はい、それはいますよ。

A――　それは、どのような神様ですか。

ケツァルコアトル　ええ。だから、それがリエント・アール・クラウドでしょうが。

A――　そうでございますか。

ケツァルコアトル　ああ。

A――　モンテスマ王からは、表面的には、白人に対する復讐心《ふくしゅうしん》など、非常に人間的な印象を受けたのですが、そういうものではない、もう一段、大きな意思が、彼の背後には働いていて……。

ケツァルコアトル　うーん、でも、歴史的には、レイシャル（racial）というか、そういう民族主義的、民族差別的なものによる人類のカルマはたくさんありますので、そのカルマの崩壊《ほうかい》は起きなければいけないでしょう。

例えば、あなたがたが好感を持っているインドであっても、そのカースト制度は、釈迦の力をもってしても打ち破れなかったでしょう?

A——　はい。

ケツァルコアトル　それで、いまだに残っているけど、これも破らなければいけないでしょう。そういう制度に、揺《ゆ》らぎが出なければいけない。

あるいは、イスラムにおいても、自由を求めるために、さまざまな戒律《かいりつ》や、服装規定など、そうした女性への抑圧の部分が破られようとしています。

中国も、軍事的覇権主義で、民衆を弾圧《だんあつ》するのは問題が出るだろうし、日本は日本で、平等が人々を縛りすぎた場合の問題が起きるでしょう。

一方、アメリカは、自由の大国だけれども、麻薬《まやく》や銃《じゅう》、さまざまな堕落にまみれているところもありますからね。だから、そのへんに対して、一つのディシプリン(discipline・規律)が、天から降りてきてもおかしくない感じはしますね。

5　幸福の科学は何をなすべきか

日米を押《お》し流す「大きなエネルギー」が働き始めている？

A――　マヤ暦《れき》による終末思想とは別に、この世的にも、二〇一二年は、中国やアメリカの政治指導者が替《か》わる時期です。

また、今、中東にも、さまざまな変化が起きてきています。

そのため、この流れのまま行かせてはいけないということで、今、エル・カンターレが世界を巡《めぐ》っておられます。

ケツァルコアトル　うーん。

A――　そこで、われわれ信者一同は、この残された一年と言いますか、二〇一二年の前に、いったい何をなすべきなのでしょうか。

ケツァルコアトル　例えば、二〇一二年、中国に、本格的覇権《はけん》の野望を実現しようとする男が現れて、それを宣言し、大中華帝国《だいちゅうかていこく》をつくることに乗り出したとき、それに対抗《たいこう》すべきアメリカの大統領に、もし悲劇が起きたとしたら、自由主義国家の受ける精神的打撃《だげき》は、ものすごく大きなものになるでしょうね。

オバマさん自体は、自らひとつの神になろうとしているのだとは思うのです。アメリカは、リンカン、ケネディ、キング牧師と、暗殺された人は、みな神になっている国です。

それは、イエスの十字架《じゅうじか》と同じような意味合いを、国民がみな感じ取ってしまうからなんですね。だから、誰《だれ》もが、小さなキリストになりたがる気《け》があります。

日本は、そういう生贄《いけにえ》型のものを、そんなに好みはしない傾向《けいこう》はあるんですけれども、まあ一つの大きなエネルギーが、今、働き始めていることは事実ですね。

つまり、こうしたエネルギーにアメリカと同じく押《お》し流されてしまうかもしれない危機は迫《せま》っておるわけで、日本を強くしたいと願っているときに、東日本大震災《だいしんさい》のようなものが起きて、日本の力を削《そ》ぐようなかたちになっているわけです。もし、経済的に、もう一段大きなダメージを受けたら、震災で世界各国から救助の手が来たように、どこかの国に助けてもらわねばならないような時代だって来るかもしれませんね。

だから、そういう意味での、自立、独立の危機は来ているように思います。

「十字架《じゅうじか》に架かって天に上げられる」のが使命なのか

A――　そのなかで、われわれがなしうることは何でしょうか。

ケツァルコアトル　いやあ、もう、あなたがたは、あとは十字架《じゅうじか》に架かって、天に上げられるのが使命かもしれませんよ。

A――　いや、救世主が、今、この日本に降りられて……。

ケツァルコアトル　ですから、救世主が降りられたから、「十字架に架かって、天に上げられるのが使命だ」と言っているわけです。あなたがたは、勇《いさ》ましく戦って、天に召《め》されるのが使命かもしれないですね。

A――　それは、「信者が」ということですね。

ケツァルコアトル　いや、全部です。はい。「信者だけ」ということではなくて、教祖《きょうそ》から信者まで、十字架に架かって天に召されると、非常にキリスト教的な終末観が高まってきますね。

A――　そうしますと、キリスト教の『聖書』のなかにある終末も、今、この時期に来ていると……。

ケツァルコアトル　ええ。もう同時に、今、起きつつあると思いますね。少なくとも、イエスは、世界各地のスピリチュアルなものに対して、メッセージを送っておりますけれども、ここ（幸福の科学）ほど明確に送ったところはないですからね。だから、イエス的なものが起きる可能性は強いですよね。

A――　ハルマゲドンだと……。

ケツァルコアトル　うーん。いやあ、でも、私たちは、あなたがたのような草食系ではないので、「子羊を屠《ほふ》る」という文明の伝統はけっこうあるし、マヤにおいても、やはり、「人が生贄になる」ということはありました。

日本も、昔は、人柱《ひとばしら》というようなものがあったかもしれませんがね。

まあ、古いと言えば古いのかもしれませんが、これは、地上の魂《たましい》が引き上げられることで、天の神に感謝を捧《ささ》げているつもりなんですよね。

A――　では、ケツァルコアトル様は、幸福の科学の活動も、いったん、みな……。

ケツァルコアトル　うーん、まあ、やはり、悲劇は迫っているのではないですか。それは、救世の活動と裏表だと思いますけど。

A――　その裏表というのは、そういう意味での裏表で、新たな……。

ケツァルコアトル　この世的に何かを捨てなければ、霊的《れいてき》な何かを得ることはできないんですよ。だから、「何を捨てるか」というところが大事になりますね。

A――　ただ、真理が滅《ほろ》びてしまったら、それ以降の人類は、もう生きるすべもなくなるのではないですか。

ケツァルコアトル　いや、滅びによって普遍《ふへん》化することもあるんですよ。キリスト教がそうだったように、滅びることで普遍化することもあるわけです。

ただ、マヤは、滅びによって何も遺《のこ》らなかった。今、終末予言だけ遺ってしまって、文明はなくなってしまいましたがね（苦笑）。

救世運動は二十年遅《おく》れている

A――　ただし、やはり、「エル・カンターレの言葉によって、未来が創られている」と考えた場合に……。

ケツァルコアトル　それは戦いでしょうね。

A――　はい。

ケツァルコアトル　それは、ここ数千年ぐらい行われていないことなので、「エル・カンターレ下生《げしょう》」というのが、どれだけの意味を持つかは文明実験でしょうね。

分身レベルの救世主であれば、滅ぼされるかどうかは五分五分です。

A―― では、ケツァルコアトル様は、どのようにお考えでしょうか。それは、人間が知るべきことではないのでしょうか。

ケツァルコアトル　客観的には、闇夜《やみよ》の灯台の光ぐらいにはなっていると思いますが、闇夜の海全体を照らすだけの光にはなりえていないかな。

A―― まだ、弟子《でし》の努力が足りないということでございましょうか。

ケツァルコアトル　そうですねえ……。（約五秒間の沈黙《ちんもく》）まあ弟子に恵《めぐ》まれなかったんでしょう。それは言えますね。だから、二十年遅《おく》れたんでしょうね。

本当のストーリーは、二〇〇九年ですか、あなたがたは選挙もなさいましたけれども、そのときに、国家の指導権を取れるぐらいの力をつくれるところまで、実際は伝道が進んでいなければならなかったのに、まあ、弟子の活動が平凡《へいぼん》であったんですね。

弟子の活動は確かに平凡であって、サラリーマン的、要するに、「生活ができればいい」というレベルで満足していたところや、本当の意味での救世運動とは思っていなかったところがあって、一つの会社を維持《いじ》しているぐらいのつもりでいたのは事実でしょう。

また、そうした、救世主を解き放てない事情も、内部の言い訳としては数多く存在したのではないでしょうか。

その結果、因果《いんが》の理法から言えば、破滅《はめつ》が来るはずです。つまり、「日本民族としての破滅」と、「日本が救えるべき国を救えない」というような結果が起きてくるということになりますね。

もうすでに、〝真理の避難《ひなん》〟が始まっているように、私には見えますけどね。

世界伝道という名を冠《かん》しているけれども、日本から、〝ロウソクの灯《ひ》〟が、海外に持ち出されているように見えますね。この国は、もはや、戦《いくさ》で言うと殿《しんがり》の部分、敵の攻撃《こうげき》に対する最後の殿の部分かなあ。

だから、ソ連邦《れんぽう》が崩壊《ほうかい》したあと、一気に、神の自由の解放に進めなかった、この二十年の罪が重いと思いますね。

主が「宇宙の法」を急いで説かれている理由

A――　話は変わりますが、今、「宇宙の法」が非常に多く説かれ始めました。前倒《まえだお》しされているのかどうか分かりませんが、これも二〇一二年問題と関係があると考えてよろしいのでしょうか。

ケツァルコアトル　うーん、これは、モンテスマと同じでしょうね。モンテスマと同じというか、オバマさんと一緒《いっしょ》だと思います。

大川隆法総裁が、「不惜身命《ふしゃくしんみょう》」と言っているのは、「死ぬ覚悟《かくご》をしている」ということだと思いますね。いつ死んでもいいように準備をしているんだと思います。

世界に出て伝道するということは、それだけリスクも増していくということですから、どこで終わりになってもいいように準備していると思いますね。

A――　では、それは二〇一二年問題とは直接関係があるわけではなくて……。

ケツァルコアトル　あなた、そんな秘密を明かすわけがないでしょうが（苦笑）。

A――　分かりました。

ケツァルコアトル　もし予言のほうが好きでしたら、二〇一二年の十二月二十二日に、撃《う》たれやすい所に立っていたらいいですよ。そうしたら、そうなれるかもしれませんがね。

A――　いや、そういうことではなくて、「宇宙人との交流」という意味での関係なんですが……。

ケツァルコアトル　ああ、ですから、法がどこで止まってもいいようにしようとしているのだと思いますね。

A――　そちらのほうがメインのお考えであるということですか。

ケツァルコアトル　私は、そうだと思います。

A――　はい。

ケツァルコアトル　法を広げるのは、あとの人たちの力でもできるけれども、説かれていないものは広げられないですからね。

A――　はい。

ケツァルコアトル　だから、急いで説いているんだと、私は思いますよ。それは、まあ、本人の問題もあれば、日本という国の問題もあるので、この国がもたない場合のことも考えて、やっていると思いますね。

A——　「地球が乱れて宇宙から介入《かいにゅう》される」ということではないわけですね。

ケツァルコアトル　そういうことは、事実を見て判断すればよいことで、不幸の予言をした者は不幸になります。

A——　はい。ありがとうございます。

では、質問者を替わらせていただきます。

6 ケツァルコアトルの現在の役割

私はアメリカ大陸のすべてを見ている

D――　よろしくお願いします。私からは、一問だけ、お伺《うかが》いさせていただきます。ケツァルコアトル様の、現在のお仕事、お役割というものを教えていただければと思います。

ケツァルコアトル　主として、アメリカ大陸を北部、中部、南部にわたって見ていますよ。あなたがたはあまり見ていないでしょうが、私は見ています。

あなたがたから見れば、中南米などの国々が、どこで何をやっているかも知らないし、そこで、どんな不幸が起きているか、どんな繁栄《はんえい》が起きているかも、たぶん意識にはないでしょう。

そうした国々は、実際上、本当は救済の対象にもなっていないんだろうと思うけれども、われわれは見ていますよ。

D――　そうしますと、先ほど、九世紀ごろに地上に降りられたという話がございましたが、そのころから現代に至るまで、アメリカの北部、中部、南部を見てこられたわけですね。

ケツァルコアトル　数多くの悲劇もあり、繁栄もあり、いろいろなものを見てきましたね。

中東の地に起きたキリスト教が、ヨーロッパに広がり、それから、一六〇〇年代の初めに、新教としてアメリカに来た。

それは、ちょうど、スペインの世界戦略によって、マヤが滅《ほろ》ぼされたあとだった。その時期に、アメリカに新教としてのキリスト教が入って、アメリカが大きな文明として栄え、侵略《しんりゃく》をやっていたスペインやポルトガルは、国力を落として、中等国に落ちていった。

このあたりのことは、見落としてはいけないでしょうね。

D―― 先ほど、現在、「オバマ大統領を指導されている神は、リエント・アール・クラウドである」とおっしゃっていましたが……。

ケツァルコアトル いやあ、知りませんよ。それは、ドゴン族の神かもしれませんし、まあ、いろいろあるかもしれません。

彼にもいろいろな転生《てんしょう》があるので、いろいろな神がついているかもしれませんけれどもね。

D―― ケツァルコアトル様も、オバマ大統領のことを、ある意味で、指導されていると考えてよろしいのでしょうか。

ケツァルコアトル　悲劇性においてね。

「日米を機軸《きじく》とした繁栄《はんえい》」にはこだわっていない

D――　先ほど、「アメリカと日本はつながりがある」というお話もございました。その意味では、そうした関係において、日本に対しても支援《しえん》、指導されているということでしょうか。

ケツァルコアトル　二十一世紀は、日米を機軸《きじく》とした繁栄《はんえい》が続く予定だったのですが、今、そのシナリオが崩《くず》れるかどうかの瀬戸際《せとぎわ》にあります。

だから、二〇〇〇年を超《こ》えて、意外に早く、二〇一〇年、二〇一一年あたりで、このシナリオが崩れるかもしれないというところに差し掛《か》かってきているということですね。

D――　その状態に対して、ケツァルコアトル様は強く警告を発されていると解釈《かいしゃく》してよろしいのでしょうか。

ケツァルコアトル　いえ、全然、そんなことはありません。

われわれは、文明の盛衰《せいすい》を、もう何百、何千と見てきましたので、別に、そんなにこだわってはおりませんけれども、あなたがたにとっては大事なことでしょうね。

D――　はい。

ケツァルコアトル　ただ、われわれにとってはよくあることなのです。ええ。残念ですね。あなたがたは、日本のことしか考えていないから。

D――　では、特に、アメリカの北部、中部、南部の、今後の発展・繁栄を考えていらっしゃるということですね。

ケツァルコアトル　別に、発展を考えているわけでもないですよ。

D――　神の視点でご覧になっていると……。

ケツァルコアトル　私たちは、洗濯機《せんたくき》を回しているようなものですから。

D――　うーん。

ケツァルコアトル　〝衣類の汚《よご》れを落とす〟には、上がりも下がりもしなければいけないのです。

D――　はい。分かりました。

7 今回の霊言《れいげん》の持つ意味とは

私の「復活」は中南米の人々への救いになる

A―― では、最後に質問させていただきます。

本日、ケツァルコアトル様のほうから、「霊示《れいじ》を降ろしたい」と言ってこられたというようなお話が、冒頭《ぼうとう》、大川隆法総裁からございました。

今回、本当に発されたかったメッセージは、何だったのでしょうか。これについて、お聴《き》かせいただければと思います。

ケツァルコアトル　幸福の科学の教えは、アメリカとブラジルに広がっていますし、今、ペルーに浸透《しんとう》し、メキシコにも入ってきていますので、今後、中南米にも本格的に進出するでしょう。

まだ信者は少ないが、そこでも救いを求める人は数多くいます。みな貧しさと犯罪のなかで苦しんでいるけれども、日本のメディアはそれを伝えていないので、日本人は彼らのことを意識していません。

しかし、「ケツァルコアトルの復活」は、彼らには、メッセージとして届くものがあります。彼らにとっては、これは、「キリストの再臨」と同じ意味を持っているんですよ。

だから、私たちは、あなたがたが国名を知らないような国の人たちも、救済の対象として考えているのです。

A――　はい。本日は、本当にありがとうございました。

ケツァルコアトル　はい。

世界の宗教では、「神は苦しみのときに姿を現す」のが普通《ふつう》

大川隆法　（合掌《がっしょう》）

まあ、こんな感じでしょうか。しかたがないですね。

よいことばかり考えたがるのは、日本神道《しんとう》的な意識に支配されているということであって、世界の宗教の主流は必ずしもそうではありません。発展・繁栄《はんえい》だけを追うと、逆に、「悪魔《あくま》の力を信仰《しんこう》している」というように思われることがけっこう多いのです。

世界の宗教においては、「神は苦しみのときに姿を現す」というのが普通《ふつう》です。

人類は、これから、苦しみの時期を迎《むか》えなければならないということかもしれません。

A――　はい。

大川隆法　まあ、珍《めずら》しい神様が出てきましたが、「幸福の科学に欠けたるところなし」ということでしょう。

次は、アフリカの神様が出てくるのでしょうか。

A――　そうですね。

大川隆法　アフリカに伝道をし始めたら、いよいよ、アフリカの神様が降臨されるかもしれませんね。

これからは、どの国に、どんな神様がいるかを紹介《しょうかい》しなければいけないのかもしれません。

まことに珍しい霊言でした。ただ、これは、位置的に見れば、アメリカ合衆国への警告でしょう。

A――　はい。

大川隆法　案外、アメリカ合衆国に対する警告が出ていると思いますね。
では、簡単ですが、終わりにします。

A――　はい。本日は、ありがとうございました。

あとがき

文明に果たして周期があるのか。その終末は確定予言できるものなのか。様々な疑問を包含《ほうがん》しつつ、本書の内容は展開されていく。

願わくは、愛と正義がこの地上を支配しますように。神の栄光が地球から去りませんことを。

二〇一一年　七月二十一日

幸福《こうふく》の科学《かがく》グループ創始者兼総裁《そうししゃけんそうさい》　大川隆法《おおかわりゅうほう》

『二〇一二年人類に終末は来るのか？』大川隆法著作関連書籍

『太陽の法』（幸福の科学出版刊）
『「宇宙の法」入門』（同右）
『宇宙からのメッセージ』（同右）
『世界皇帝をめざす男』（幸福実現党刊）

2012年人類《ねんじんるい》に終末《しゅうまつ》は来《く》るのか？

――マヤの「人類滅亡予言」の真相――

2011年8月27日　初版第1刷

著　者　　大《おお》川《かわ》隆《りゅう》法《ほう》

発行所　　幸福の科学出版株式会社

〒142-0041 東京都品川区戸越1丁目6番7号
TEL(03)6384-3777
http://www.irhpress.co.jp/

印刷・製本　株式会社 サンニチ印刷

落丁・乱丁本はおとりかえいたします

ISBN978-4-86395-145-7 C0014

逆境の中の希望

魂の救済から日本復興へ

生誕55周年記念出版
著者法話
CD付

東日本大震災後、大川総裁が実際に被災地等に赴き行った説法集。迷える魂の鎮魂と日本再建に向けての具体的な指針などが示される。

1,800円

真実への目覚め

幸福の科学《ハッピー・サイエンス》入門

2010年11月、ブラジルで行われた全5回におよぶ講演が待望の書籍化！　いま、ワールド・ティーチャーは、世界に語りはじめた。

1,500円

救世の法

信仰と未来社会

信仰を持つことの功徳や、民族・宗教対立を終わらせる考え方など、人類への希望が示される。地球神の説くほんとうの「救い」とは——。

1,800円

※表示価格は本体価格（税別）です。

大川隆法 ベストセラーズ・霊言&宇宙人シリーズ

女神イシスの降臨

古代エジプト神話の謎に迫る

最新刊

古代エジプトにおいて、豊穣の女神として崇拝されるイシス神。その真実の姿と神話の真相が、明らかになる。

1,200円

宇宙の守護神とベガの女王

宇宙から来た神々の秘密

最新刊

地球に女神界をつくったベガの女王と悪質宇宙人から宇宙を守る、宇宙の守護神が登場。2人の宇宙人と日本の神々との関係が語られた。

1,400円

地球を守る「宇宙連合」とは何か

宇宙の正義と新時代へのシグナル

プレアデス星人、ベガ星人、アンドロメダ銀河の総司令官が、宇宙の正義を守る「宇宙連合」の存在と壮大な宇宙の秘密を明かす。

1,300円

※表示価格は本体価格(税別)です。

大川隆法ベストセラーズ・終末思想と人類の未来

人類に未来はあるのか

黙示録のヨハネ＆モーセの予言

地球という生命体が、愚かなる人類を滅ぼそうとしている!?　黙示録のヨハネとモーセが下した、人類への最後通告とは。

1,000円

エドガー・ケイシーの未来リーディング

同時収録　ジーン・ディクソンの霊言

中国による日本の植民地化、終わらない戦争、天変地異、宇宙人の地球介入……。人類を待ち構える未来を変える方法とは。

1,200円

日本を救う陰陽師パワー

公開霊言　安倍晴明《あべのせいめい》・賀茂光栄《かものみつよし》

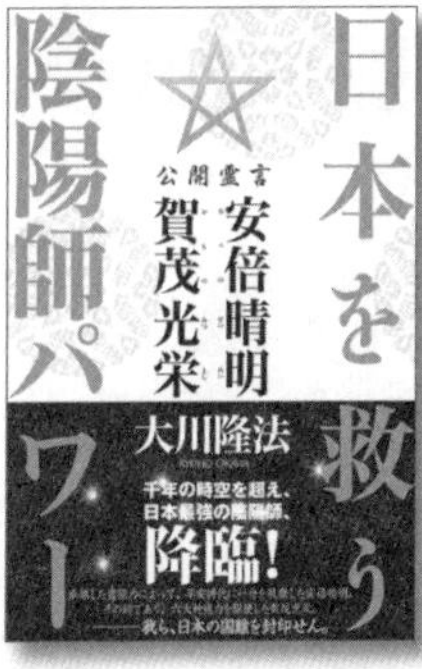

平安時代、この国を護った最強の陰陽師、安倍晴明と賀茂光栄が現代に降臨！あなたに奇蹟の力を呼び起こす。

1,200円

幸福の科学グループのご案内

宗教、教育、政治、出版などの活動を通じて、地球的ユートピアの実現を目指しています。

宗教法人　幸福の科学

一九八六年に立宗。一九九一年に宗教法人格を取得。信仰の対象は、地球系霊団の最高大霊、主エル・カンターレ。世界約八十カ国に信者を持ち、全人類救済という尊い使命のもと、信者は、「愛」と「悟り」と「ユートピア建設」の教えの実践、伝道に励んでいます。

（二〇一一年八月現在）

公式サイト
http://www.happy-science.jp

愛

幸福の科学の「愛」とは、与える愛です。これは、仏教の慈悲や布施の精神と同じことです。信者は、仏法真理をお伝えすることを通して、多くの方に幸福な人生を送っていただくための活動に励んでいます。

悟り

「悟り」とは、自らが仏の子であることを知るということです。教学《きょうがく》や精神統一によって心を磨き、智慧《ちえ》を得て悩みを解決すると共に、天使・菩薩の境地を目指し、より多くの人を救える力を身につけていきます。

ユートピア建設

私たち人間は、地上に理想世界を建設するという尊い使命を持って生まれてきています。社会の悪を押しとどめ、善を推し進めるために、信者はさまざまな活動に積極的に参加しています。

国内外の世界で貧困や災害、心の病で苦しんでいる人々に対しては、現地メンバーや支援団体と連携して、物心両面に渡り、あらゆる手段で手を差し伸べています。

年間３万人を超える自殺者を減らすため、全国各地で街頭キャンペーンを展開しています。

公式サイト
http://www.withyou-hs.net/

ヘレン・ケラーを理想として活動する、ハンディキャップを持つ方とボランティアの会です。視聴覚障害者、肢体不自由な方々に仏法真理を学んでいただくための、さまざまなサポートをしています。

公式サイト
http://www.helen-hs.net/

INFORMATION

お近くの精舎・支部・拠点など、お問い合わせは、こちらまで！

幸福の科学サービスセンター

TEL. 03-5793-1727（受付時間 火〜金：10〜20時／土・日：10〜18時）

幸福の科学グループサイト http://www.hs-group.org/

教育

学校法人 幸福の科学学園

幸福の科学学園中学校・高等学校は、幸福の科学の教育理念のもとにつくられた学校です。人間にとって最も大切な宗教教育の導入を通じて精神性を高めながら、ユートピア建設に貢献する人材輩出を目指しています。

幸福の科学学園
中学校・高等学校（男女共学・全寮制）
2010年4月開校・栃木県那須郡

TEL **0287-75-7777**
公式サイト
http://www.happy-science.ac.jp/

関西校（2013年4月開校予定・滋賀県）
幸福の科学大学（2016年開学予定）

仏法真理塾「サクセスNo.1」
小・中・高校生が、信仰教育を基礎にしながら、「勉強も『心の修行』」と考えて学んでいます。

TEL **03-5750-0747**（東京本校）

不登校児支援スクール「ネバー・マインド」
心の面からのアプローチを重視して、不登校の子供たちを支援しています。

NPO
活動支援

学校からのいじめ追放を目指し、さまざまな社会提言をしています。また、各地でのシンポジウムや学校への啓発ポスター掲示等に取り組むNPO「いじめから子供を守ろう！ネットワーク」を支援しています。

公式サイト **http://mamoro.org/**
ブログ **http://mamoro.blog86.fc2.com/**
相談窓口 **TEL.03-5719-2170**

政治

幸福実現党

内憂外患《ないゆうがいかん》の国難に立ち向かうべく、二〇〇九年五月に幸福実現党を立党しました。創立者である大川隆法党名誉総裁の精神的指導のもと、宗教だけでは解決できない問題に取り組み、幸福を具体化するための力になっています。

党員の機関紙
「幸福実現News」

TEL 03-3535-3777
公式サイト
http://www.hr-party.jp/

出版
メディア
事業

幸福の科学出版

大川隆法総裁の仏法真理の書を中心に、ビジネス、自己啓発、小説など、さまざまなジャンルの書籍・雑誌を出版しています。他にも、映画事業、文学・学術発展のための振興事業、テレビ・ラジオ番組の提供など、幸福の科学文化を広げる事業を行っています。

TEL 03-6384-3777
公式サイト
http://www.irhpress.co.jp/

入会のご案内

あなたも、幸福の科学に集い、
ほんとうの幸福を
見つけてみませんか？

幸福の科学では、大川隆法総裁が説く仏法真理をもとに、
「どうすれば幸福になれるのか、また、
他の人を幸福にできるのか」を学び、実践しています。

入会

大川隆法総裁の教えを学ぼうとする方なら、どなたでも入会できます。入会された方には、『入会版「正心法語」』が授与されます。（入会の奉納は1,000円目安です）

ネットでも**入会**できます。詳しくは、下記URLへ。
http://www.hs-group.org/

三帰《さんき》誓願《せいがん》

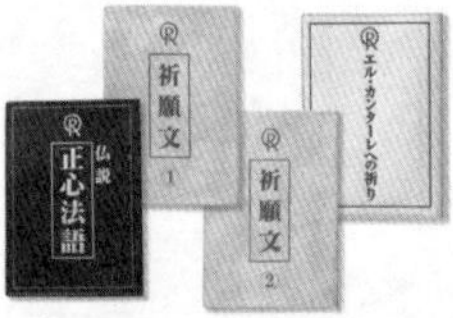

仏弟子としてさらに信仰を深めたい方は、仏・法・僧の三宝への帰依を誓う「三帰誓願式」を受けることができます。三帰誓願者には、『仏説・正心法語』『祈願文①』『祈願文②』『エル・カンターレへの祈り』が授与されます。

植福《しょくふく》の会

植福は、ユートピア建設のために、自分の富を差し出す尊い布施の行為です。布施の機会として、毎月1口1,000円からお申込みいただける、「植福の会」がございます。

「植福の会」に参加された方のうちご希望の方には、幸福の科学の小冊子（毎月1回）をお送りいたします。詳しくは、下記の電話番号までお問合せいただくか、宗教法人幸福の科学公式サイトをご確認ください。

月刊「幸福の科学」

ザ・伝道

ヤング・ブッダ

ヘルメス・エンゼルズ

INFORMATION	**幸福の科学サービスセンター** **TEL. 03-5793-1727**（受付時間 火～金：10～20時／土・日：10～18時） 宗教法人幸福の科学公式サイト **http://www.happy-science.jp**